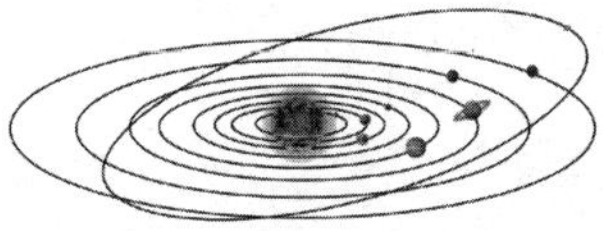

系统

System

一部人类文明史

A History of Human Civilization

许翼云　著

中国工人出版社

图书在版编目（CIP）数据

系统：一部人类文明史 / 许翼云著. — 北京：中国工人出版社, 2024.2
ISBN 978-7-5008-8382-1

Ⅰ.①系… Ⅱ.①许… Ⅲ.①世界史－文化史 Ⅳ.①K103

中国国家版本馆CIP数据核字（2024）第050722号

系统：一部人类文明史

出 版 人　董　宽
责任编辑　葛忠雨　刘广涛
责任印制　黄　丽
责任校对　赵贵芬
出版发行　中国工人出版社
地　　址　北京市东城区鼓楼外大街45号　邮编：100120
网　　址　http://www.wp-china.com
电　　话　（010）62005043（总编室）
　　　　　（010）62005039（印制管理中心）
　　　　　（010）62379038（社科文艺分社）
发行热线　（010）82029051　62383056
经　　销　各地书店
印　　刷　三河市万龙印装有限公司
开　　本　880毫米×1230毫米　1/32
印　　张　10.5
字　　数　275千字
版　　次　2024年4月第1版　2024年12月第2次印刷
定　　价　68.00元

推荐序一

吴岳良

中国科学院院士、中国科学院大学学术副校长

许翼云先生把他一生对古今中外和世间所涉及的各种各样事物的观察、学习与了解过程，撰写成一本综合性极强的专著《系统：一部人类文明史》，并从因果关系与系统关联的视角进行剖析，发展出一套对各类系统具有普适性的综合分析方法，以便达到把各系统融为一体的目的。

许翼云先生在书中所探讨的对象为动态系统，即一个与外界有互动及交往的系统，系统本身也随着时间及内外的改变而演化。书中对每个动态系统所探讨的范畴极其丰富，包括系统的起因，即它是如何从无到有的；系统的成长，即它是如何从小到大的；系统的关联，即它是如何与外在系统进行交互的；系统的演化，即它是如何达到某种动态平衡的；系统的演变，即如何保持系统的稳定发展的；系统的寿命，即系统最终是如何衰退或灭亡的；等等。作者对动态系统的

综合分析涉及物理和生物以及工程科学中的许多概念和理论，包括“成核理论”“输运理论”“平衡与非平衡态理论”“相变理论”“耗散理论”“进化论”“系统控制论”，等等。在对动态系统的这些描述和分析中，作者首先以他特有的构想模式对相关机理进行阐述，并以一些典型范例做了比较详尽的讨论，再通过引用其他例子进行简略的对比，其构思新颖、条理清晰，使人读后有一种融会贯通的感觉，将引发读者更深入的思考，并使之产生更多新的思想和灵感。如在探讨“最适系统”与“普适系统”时，他详细地分析了在“物竞天择”过程中，须特别注意环境适应力以及内部老化和外部资源竞争等因素的影响，最适者固能出头，但普适者却较能生存。作者通过这种辩证的分析更好地阐明了“适者生存”的一般规律。对于“适者生存”的理解，最近我正好与在学习和研究生物的女儿进行了探讨，尤其针对这次新冠疫情的存在之久和流行之广以及不断变异的特征，发现其呈现出的传播速度越来越快和传染人数越来越多的现象，明显地体现出“适者生存”的本质特征。

虽然我与许翼云先生从未见过面，但在拜读他的这本书时可谓见书如见人，有一种正在与他本人一起探讨的感觉。因为“因果关系”与“系统关联”，无论从方法论还是认识论方面，它们共同构成为探索宇宙万物——无论是微观系统和介观系统，还是宏观系统和宇观系统之运动、变化、演化和进化的两个基本要素。也正是这样一种相通的想法使得我与许翼云先生建立起联系，这要感谢许倬云先生的牵线搭桥。若要从因果关系的角度来看，这要追溯到二十多年前，许倬云先生受邀访问北京大学历史系，由于我的夫人刘静当时正在历史系学习，我们有幸结识了许倬云夫妇一家。2002 年，在我再次到访美国卡内基梅隆大学时，在匹兹堡有机会携全家专程拜访了许先生一家。许倬云先生以自己独特的视角和敏锐的眼光，从大历史观的高度、深度和广度来研究人类社会的发展史、人类文明的起源和演进，给我留下了深刻的印象。从那之后，我一直在思考一个问题：理论物理学家研究的终极目标之一是探索物质和宇宙的起源与演化，历史学家研究的终极目标之一是探索人类文化和文明的起源和演进，尽管两者研究的对象不一样，但探索和探究的一些思路和方法似乎展现出一定的相通之处，一个涉及跨越宇宙物质的时空观和演化史，另一个牵涉到跨越人类社会的时空观和发展史。后来拜读了许先生的大作《万古江河》，他以横跨古今和中西的渊博知识，把人类社会发展所涉及的历史脉络和前因后果及其纵横关联进行了系统的剖析和综合的分析，我深受启发。那段时期，我正在探索如何把爱因斯坦“广义相对论”所刻画的引力与量子场论所刻画的其他三种基本相互作用力统一起来描述，建立起引力量子场论。而在最近，得知许先生出版新书《许倬云十日谈：当今世界的格局与人类未来》，他又以超凡的智慧，希望能为世界文明提供解决的方案，为中国文化增强自信的要素。近期，我正好完成《超统一场论的基础》长篇论文并以专辑发表，不久将出版成书。“超统一场论”为揭秘时空和引力本质及物质和宇宙起源开辟了一个新的途径。由此，我通过邮件与许先生进行了一次交流，并对自然科学与人文科学这两大系统在探索最基本问题和终极目标时所展现出的相似之处感到越来越有意思。正是由于这样的因缘，我有幸与许翼云先生建立了联系，他让出版社把即将出版的新作的电子稿发送给我。当我看完钱煦先生的推荐序和作者的自序后，我兴奋不已，这不正是我期望看到的一本书吗！

在这本书中，许翼云先生用他自己一生的亲身经历以及观察与思考，把他对因果关系和系统关联的了解与分析，用他作为工程科学领域研究者所特有的构思方式和深入浅出的手笔撰写了出来，使得那些表面看上去横跨物理、化学、生命、医学、工程、经济、人文和社会等各不相同的学科和领域，都可以通过其本身的因果关系和系统关联的综合分析法，达成天下一理，读来让人受益匪浅。事实上，在我创建“超统一场论”时，也是从一个简单的概念出发的，即自然界是由基本的“物质构造块”组成，“物质构造块”是由内禀结构并总是在不断运动，且其运动是简单和有规律的。运动规律满足因果关系的最大相干运动原理（即最简运动和最大关联运动及自由波动运动），自然界基本构造块之间通过基本相互作用来刻画，并由局域规范对称性来支配，所有基本相互作用是通过规范场交换能量来实现的。由此可见，因果关系和系统关联也是构成探索自然界基本规律的两个基本要素。如何以系统论的观点来分析和探讨各种形形色色和大大小小的介观系统和宏观系统，使其合万事为一理，是一个极具挑战性的探索方向，而许翼云先生的这本书在这个方向上为我们迈出了探索性的重要一步。

在收到本书电子稿时，正值迎来世界读书日，由于与本书有共通的想法，我放下手头的研究工作，认认真真地拜读了许翼云先生尽其一生撰写的这本书。事实上，如何从简单的基本概念和原理出发，来思考、探索、认识和理解自然界和人类社会，融万事为一理，相信这不仅是作者也是每一位读者的共同理念。从这个意义上说，许翼云先生的这本书不仅是我喜欢的一本书，也是我最想推荐给读者的一本书。

推荐序二

钱煦

美国国家科学院院士、中国科学院及中国工程院外籍院士

翼云写的这本书，以系统为主来解释人类的知识和世界的现象。由物质到人生和宇宙、从古代到现代以及未来，比较各种动态系统，包涵巨细、贯彻时空。这本珍贵的书有深奥的哲理思想、极高的学术价值。任何做学术工作的人，无论是数理或生命科学、工程或医学以及人文、社会、经济，甚至哲学、神学，读后都会得到很多新的理念、思想和灵感。这本书也是通识教育的最佳文献。在学术界以外工作的各界人士，也会欣赏书内对世界、人生有启发性的新观点、新理念。

作者有高深的科学工程经验成就，广博的人生社会构思见解，因此他有特异的能力——用科学方法来分析世界上的一切知识和现象，以系统为方式来综合归纳其成为一套有规律、有原则的知识学理。他指出每个系统，不论是宇宙的起源、星球的形成、生命的开始、物种的出现，必须先有一个

产生的阶段、满足若干条件，才能从无到有。他以物理、化学所知的物质“成核现象”作为出发点，把它的基本机制及原理应用于生物、社会、经济等领域，甚至世界天体。由简入繁、以古鉴今、以小观大，从一粒沙到全世界，用已知来发展新知；用系统化的方法来研究比较各阶层的现象，由此归纳、探讨、延伸、创新。这对人类的知识、思想、见解有极大的贡献。

作者指出各种系统都是动态的。有如人的生、老、病、死，各种系统会经过形成、衰退、灭寂、再生这些动态机制。作者对系统动态的研究包括量的变化，比如系统在不同阶段的增长及其上限，包括人类现代社会的上限。在质的方面，他探讨系统的成长及变化。他还特别指出由于生存及发展的需求，一个系统必须有支系统分工合作，以期有效地利用资源。支系统也有动态的量和质的变化，这些变化会导致整个系统的强化或弱化。

书中对“我他关系”有很明确的探讨。系统之间的相互关系，有时是互惠，有时是敌对，前者可使其安和乐利，后者会引起战争混乱。支系统之间的互动关系，对整个系统的发展有很大的影响。支系统之间、各系统之间的互助合作，对整体的成长、安定、发展、延续有很大的影响。一个人体必须有各种不同的器官、细胞分工合作，才能保持健康、发挥功能。家庭、社会、国家也同此理。系统的领袖是否尽职保持支系统的均衡发展、互助合作，并将资源与环境调适运用，是系统成败存亡的一个极其重要的因素。

系统如要避免衰亡，一定要能适应环境。作者指出在生存竞争方面，已经达到高效率而适应力较差的“最适系统”和中等效率而适应力强的“普适系统”，两者各有优劣。“多样性”有助于适应环境。系统的进化，也需有多样的品种。在“物竞天择”的过程中，需有很多不同的品种，才能有些“最适者”较易生存繁殖，从而“适者生存”。

作者对很多事件都有客观的看法，正反兼顾，民主政治和宗教信仰都对社会人生有很重要的优良影响。在民主国家，人民选择领袖，但常常不能达到选贤与选能的目的。诚如作者所说“世界上首脑虽多，明智者却极少”。对于推动实现真正民主，我们尚需努力。宗教信仰给人们安慰、希望，鼓励人们行善、爱世。但是，历史上很多战乱冲突是由宗教信仰不同而引起的，至今还是很大的困扰。所以作者“呼吁各族群有识之士，为了世界的和平共存，努力淡化宗教的排他性，并鼓励开放包容。今后世界人口日增，只有大家能渐渐习于和平共处，方是全球之福”。这真是对现今世界人群面临的问题指出了明确的方向。

我在之前出版的《知识飨宴》(2009 年 11 月系列 5)中，曾经以“生物医学、数理工程与人文社会的互动”为题，写过一篇粗浅的文章。文中最后用一张示意图来比较宇宙和原子(见本书图 0-1，正文第 2 页)：

左图显示太阳系里的行星(包括地球)绕着太阳旋转。

右图显示一个碳原子内的电子绕着原子核旋转。虽然这两张图的大小差到亿兆倍（1020 倍），但是有相似的原理。诚如《中庸》所说："放之则弥六合，卷之则退藏于密。"真理不论大小、不论领域，"中散为万事，末复合为一理"。

翼云这本经典新书阐明了《中庸》里面的高深哲理，以科学方法分析解说，合万事为一理。

我很荣幸和翼云有共同的理念。但是，他这本书把这些理念用更高深宽广的构思和极清晰动人的手笔写出来，真是令我极度的赞赏、无比的钦敬。我相信每一位读者都会获得宝贵的新知和理念，产生共鸣和灵感。

自序

撰写本书的动机，是想把一生对世间古今大小及万事万物的观察、学习与了解过程，留下一点记录。我在一生中发展出这一套对世间大小系统的分析综合，是为了便于把各系统融为一体。在此一过程中，曾有两个小机遇，对我后来的学习与思考方式有关键性的影响，值得在此一提。

第一个小机遇发生在初中时期。我所就读的中学位于重庆市沙坪坝，是当时的国立中央大学心理教育研究所附属“心理教育实验班”，也就是心理教育研究实验所用的“白老鼠”。为此，这个实验班学生的程度相当整齐，老师的水平也很高，他们的教法与课本亦不平常。虽然学校很小，但教室后面有一个小山，由此向山后俯瞰，嘉陵江风帆点点，尽收眼底，的确幽美，所以我常在小山上读书。

那年，在大考前两天，我在山上温习地理课业时，一不小心，把那本由香港订购的教科书掉到山坑里了，无法取回，我心想这下惨了。我必须向几位同学请商，在每人不读地理书时借给我读一个小时。如此，好不容易安排到三个小时的借用时间，我必须充分把握机会，不能浪费。但在这三个小时内不可能逐页读完，就只能择要查阅。但如何查阅？我回想起老师在上课时常强调一地一城的发展，决定于其地理环境（如山脉、河流、气候、交通及历史背景等），于是我就先把中国几条大山、大水的分布情形，在大地图上看清楚，再把各区重要城市的位置记住，并由其地理环境推估其特色（如商业大城必在水陆交通要道，工业重镇多半在山上、有矿产等）。如此，则教科书只需供我做分析结论的核对求证之用，三个小时也就很够用了。后来，大考结果，老师对我“重分析、少细节”的做法颇为鼓励。

此事对我一生有很大的影响，我从此养成习惯，凡是遇到新功课或新问题，我不去浪费时间追问或记忆细节，而是先把其重要的环境及周边因素搞清楚，再根据以前的经验，对此问题的因果关系试加分析“为什么”，再进一步求证及修改。其后，我又发现很多不同的系统，其各因素的因果关系，竟颇为相同。于是，我就可以把不同系统而其因果关系颇为相似者，放在脑中同一个“档案”内。后来，各个“档案”越积越多，就又将所有“档案”看作一棵大树，依其相似程度而挂在不同的枝干上。我脑中有了这棵“因果大树”，在以后遇到相关情形时，就可用此作为比较印证之用，如在以后发现原来的假定并不能推广到别处，则加以修改。同时，我认为问题的因果关系有长远基本的影响，而一时的数字，如人口、贸易量等只是暂时的现象，常会改变，不必太费功夫，只要知道长远的走向就够了。同理，很多学子花很多工夫死背的年代，也是舍本逐末，历史上的兴衰变迁，自有其前因后果，只要把这些因果关系弄清楚，时间先后自然会理清楚。我发现这种以大趋向为重的学习方法，颇有助于我对新事物的了解及对过去经验的回忆，可说是一生受用匪浅。在本书中，我就是以此方式来求各系统的亲疏关系的，年轻学子如有兴趣，不妨试试此法。

第二个小机遇是在20世纪60年代。当时我在美国太空署（NASA）工作，有一次到美国加州的圣塔芭芭拉（Santa Barbara）去参加一个学术会议。会场设在一个海边的树林中，客人散居在海滨的小木屋里，环境幽静。我们由中西部去加州，因有时差，故清早很早就醒了，无事可做，就不免去海滩边走走、坐坐。

我在海滩边观察良久，眼看潮涨潮落，每次潮头将冲上沙滩之前，其下面的水压已经把沙滩下层中的小动物及水泡压到沙滩表面，于是沙滩上的小鸟就忙碌地啄食这些小动物。等潮水真冲上来时，这些小鸟却又必须匆匆地往上坡逃避。另外一位年轻的妈妈，正忙着陪小女孩儿沿着水头戏水。之后，潮头开始下退，海水又把岸边的海藻与小动物拖下海中。不远处有个小渔港，渔民们在潮涨潮退之间，忙于做出海准备，他们与海陆两系统间又有另一种互动。在反方向，海陆交界处并非沙滩，而是一道岩岸，在那里，海陆间的互动就是惊涛拍岸，卷起千堆雪。在短期内，岩岸似乎屹立不动，可我们知道，假以时日，这岩岸终会为海浪打塌。

我在一边冷眼旁观，观赏海陆两系统的各种互动，以及两大系统内各支系统在这大系统的交往之中，各取所需。而同时，海洋上空的大气也在用海风驱赶海浪。我开始了解，各系统一直在与相邻的各系统互相交往，以交换资源、能量与物质。地球上的大小系统就靠这些大大小小不停地互动，才能成长、茁壮、演化，孕育出我们这个多彩多姿、蕴含万事万物的“地球村”。那一个海滩上的清晨，促使我对各系统的互动多加注意与思考；对我而言，这个小小的清晨，却也是一个重大的启示。

以上两个小小的经历，本来很容易错过或遗忘，但我却无意中为它们所吸引，并深受启发开始对我们周边的大小系统多加留意与思考。我发现这种观察与思考的方式，在为学与处事上常有颇多帮助。经过一辈子的观察与思考，终于在老年时，决定把我对系统的了解与分析，写成此书，供人参考。我只是一个工程师，从未经过正规的人文训练，书中所提各点，虽然表面上看起来跨涉物理、生物、社会等科，但是如细加比较分析，天下一理，与即便是一个工程师也会发现各科关联的道理是一样的。这种看法，对博学鸿儒而言可能并不值一谈，可对我而言，却是我一生所遇所知的一个“综合报告”。我希望年轻学子中，如有一两个有心人在读过此书后，能对世上万事万物多一点观察与思考，余愿足矣。

目　　录　contents

绪 论

一沙一世界

古人说："一花一世界。"一花虽小，但如仔细观察，其中却也包罗万象，很值得研究。一朵花，外有花瓣，内有花蕊，另有花管、花粉、花苞，等等。再往下探讨，各部门各有所司，因此其材质也不同，需要的营养也不同，其互动也颇复杂。事实上，天地间的万事万物，常有颇多相似之处。图 0-1 为太阳系与一个碳原子的运行图。

同理，一个气泡的形成、一个印第安人村落的形成、股市的升降、森林中狼与兔子的互动、一个经济体的盛衰，等等，表面上看来虽毫不相干，但若仔细观察，则有很多相似之处。它们都必须与外界环境互动，而且受内外情形影响而演变；它们都有必要与外界交换资源、物资及信息；它们本身都有生老病死的生命期，而且也会遭遇不稳定状态。事实上，世间芸芸众生、大千世界，看起来虽然万紫千红、变化无数，但若将它们加以分析，其兴衰的过程、互动的机制，却大多可以归纳分类，整理出若干头绪。人类自有文明以来，大家所努力的，也就是了解宇宙中的万事万物，找出它们因

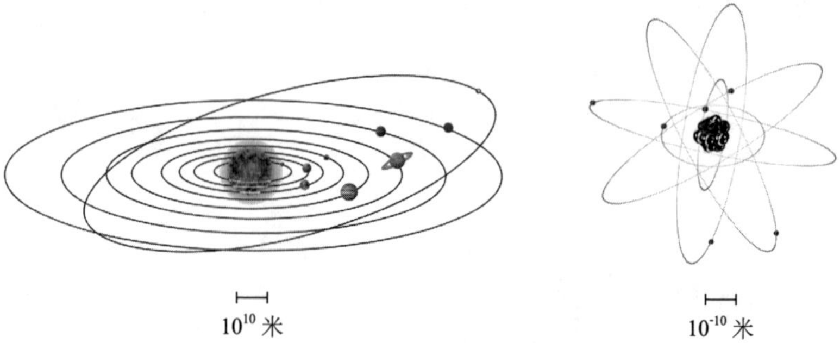

图 0–1　左图为太阳系行星（包括地球）绕着太阳旋转，右图为碳原子的电子绕着原子核旋转（来源：钱煦）

果演变的道理。而本书的目的，只是笔者在审视世间各种系统后，试图归纳出一点点小心得，以供大家作为一个参考的方向而已。

今日世界，充满纷扰，暴力、战争、贫穷、疾病等天灾人祸处处都有，日日发生。如果我们经由这些比较，以古鉴今，以物拟人，能找出一点系统兴衰治乱的因果关系，因而有助于稍微减少或消弭一些纷扰的祸根，也就算是“愚人千虑，必有一得”了。

学海无涯，这一点点小心得本不足为奇。但为学如聚沙成塔，每一个为学者若能都有一沙一花的贡献，大家以小积大、以少聚多，有如海中珊瑚，每个个体虽小，但日积月累，终可以构成一个小珊瑚礁、珊瑚岛，甚至大片陆地，日后终会有大智慧者将这些地景地貌融会贯通，描绘出一个互相契合的江山万里图，以供后世之用。

本书所探讨的对象为动态系统。所谓动态系统是一个与外界有互动及交往的系统，而由于与外界的交往互动，系统本身也随时间及内外的演变而演化，所以其是动态的。而“交往”则包括与外界做能源、物资（含人员）、信息等交换及输送。动态系统有大有小，亦可为种种形态。在物理、生物、社会、经济、文化等各方面，各种事物多半是由一个个动态系统所组成的。我们所探讨的范畴则包括一个系统如何起始、如何成长、与外界如何交流、其稳定性如何、如何衰退，以及如何为避免灭亡而必须做的改变，等等。

本书在探讨每一阶段时，将先讨论其机制的构想模式，并以一两个例子做比较详细的讨论，其后再比较简略地引用其他例子。所引例子，尽量涵盖物理、生物、社会、经济各方面。希望读者最后能经由各系统的比较，将古今大小各种系统的成败经验，应用到其切身系统的平顺营运中去。

但从另一角度来看，若有读者有兴趣对某一现象做较深入的研讨，以后不妨从系统观念做定量化的探讨。如要做定量的研究，则必须对各种现象先规划出一些定量的参数，这些参数必须既能代表及描述该现象，又必须能与其他领域系统所用的参数有平行模拟的功能。若这些参数能够逐一制定，后续的工作就是收集有关的数据，以对模式做一个定量的验证，若验证有误，则模式也须修改。只有这样一步步地演绎归纳，我们才能慢慢地建立起一个体系。因此，本书只能说是大胆地提出一个粗略的架构构想，以后是否成立，仍有待小心求证，希望有兴趣的读者，能与笔者一同朝此方向努力。

一个系统总应有一个产生的阶段，如何能够从无到有，并不容易。通常情况下，如要从无到有，必先满足若干条件。在自然界，从太空宇宙的开始、星球的形成、地球上生命及物种的形成，凡此种种，“这系统是如何开始的？”这个问题，是自古迄今很多人从科学、哲学、神学上所寻求探索的谜题。宇宙的起源、生命的开始，这些题目太大、太深奥，我们现在暂不探讨，在此想探讨的是：就我们一般所见的系统而言，其中是否可以找出相似的规律和机制？

我们先就可能的机制模式加以探讨，由简入繁，次第以物理、生物、社会、经济系统举例加以比较。

在物理系统领域中，很多系统的形成可归因于“成核理论”。“成核理论”已经相当成熟，而且可应用于结晶的形成、水滴的凝聚、气泡的产生等，甚至可以应用于星球的形成。因此，我们可以将成核现象作为出发点，先介绍其基本机制及原理，再看这些机制是否可以应用于生物、社会、经济等领域。

第一章

系统的起始和欧洲古文明

成核现象和文明的种子

所谓成核现象（Nucleation），就是在一个原来系统中要积聚足够的成员，造成一个新系统的核心。但造成一个“核心”是“无中生有”，既然本来是“无”，则可见“生有”并不是容易的，一定要先满足若干条件。否则，若是容易，就早已一直存在，也就不必由“无中”来“生有”了。然则条件为何呢？

一、结晶与凝结

我国台湾以前靠制糖所得的外汇，经济开始起飞。糖是结晶体，而冰糖是一颗大结晶体。生活中，如果我们把一杯糖水慢慢地烧热熬浓，并不容易得到冰糖，通常只能得到黏稠的糖浆。但是，我们如将超浓的糖浆装在干净的容器内不加搅动，同时置入挂线的糖结晶，糖就会以这既有的结晶做其结晶核心，成长为很大的结晶，进而成为一颗冰糖。其原理是：在糖浆中的糖分子，如要与别的糖分子结合成结晶体，这两个分子必须距离很近，而且相互间可以相吸的方位必须对准才能结合。由于每个糖分子本身还在糖浆中不停地移动及转动，所以要满足以上两个条件并不容易。如果在糖浆中已有一颗糖结晶，则这颗糖结晶就有可以供糖分子吸附的“窗口”，欢迎新分子加入，那么对一个糖分子而言，找一个现成的“窝”，自然比两个分子互相摸索容易多了。这两种情形有点像一个人在花园中想找个游伴，如果每个游客都是单身，同时在花园中漫无目的地移动，那么要碰到志同道合的朋友还真不容易；但如果有一个年龄相仿而又兴趣相近的团体正在公园聚会（例如一群人正在打太极拳），他们若对这位单身游客招手欢迎，这位单身游客就很容易被这团体吸收。换言之，在这些已有的结晶核上结晶，其“门槛”较低，而在干净的浓液本身之内，两个糖分子要互相摸索才能结合，其“门槛”较高，所以就无法与已有的核心竞争。在此，结晶的“条件”或“门槛”，就是一个糖分子如何能够找到一个可以接近并相结合的糖分子或结晶。一瓶蜂蜜，放久了也会有结晶，所以，以上描述亦可应用于蜂蜜。

同样的道理也可应用于冬天的雪花，每个雪花都是一个很美丽的结晶体，而其形成亦是依附于已有核心上长成的。

以上结晶的形成讨论，也可用于水滴的凝结，其基本道理也相同。就水滴凝结而言，大家常可以看见天空中有喷气机留下的白色尾云，这是由于喷气机引擎于尾部喷出的水汽在高空的低温之下，又黏附了空气中所含的尘粒，或喷气机所喷出之燃烧不完全的碳粒，因此而凝结成水滴，进而再凝结成冰粒，从而形成我们所看见的尾云。另外，有时老天久旱不雨，虽然空中分明含有很多水蒸气，却因空气中没有很多微粒可以作其依附的核心，成核困难，以致不能凝结为云，再降而为雨。在这种情形下，我们就得设法在气温及湿度合适的条件下，用飞机在天上撒下碘化银和干冰，其目的就是以撒下的小粒作为凝结核心，并降温以帮助水汽凝结，这就是所谓的“人工造雨”。

二、沸腾时的气泡

同样，我们烧开水时，水中气泡的产生也是成核现象。

大家都知道水到沸点（在一个标准大气压下为100℃）就“烧成开水”。读者可能问：“气泡自然产生，有什么稀奇?”但读者可能不知道：在我们烧水时，若水极纯，不含空气，而且水壶很干净、光滑，把水壶底的温度控制在刚好100℃时，水还是不会沸腾，而在你看见气泡时，壶底温度已经远超100℃，可能在一百零几摄氏度甚至是一百十几摄氏度。在加热面上，温度有了几摄氏度到十几摄氏度的过热温度，才会突然“产生”气泡（又称突沸）。

这是因为水在太纯净的情形下，反而没有现成的“核心”供水汽分子会聚成气泡。反过来，我们平常在烧开水时，水中本来已经具有微小的气泡，它们为水蒸气提供了足够的有利条件，汽/气泡才能自然产生。这些是“已经存在”的空气泡，就是我们所需要的“核心”。

三、成核现象的条件

看过了以上这些物理领域中成核现象的例子，我们现在可以将同样的原理应用到其他系统中，其基本要件则是：

1. 新系统的形成很难“无中生有”，必须有既成的“核心”来接纳新成员。
2. 一个核心的形成，必须有一个“门槛”（一个成核的临界值）。
3. 参与成核过程的成员，必须具有足够的能量、资源或力量，来克服这个“门槛”，或有足够大的起始核心，超过成核所需的临界值。
4. 有时，在有利的条件或环境下，成核的“门槛”值可以降低，使其比其他无此条件者易于成核。

简言之，如果要形成一个新的系统，必须在孕育状态时，具有扩大其原形所需的资源。如果需要更多的资源，那就得有具备足够新资源的新分子来加入，这就要靠机缘巧合。如有几个新个体具有较高的能量，可以逐渐扩大；等扩大到某个程度后，这个核心已积聚足够的能量及效率，反而可以节省资源，此时的原形体就可因新分子的加入而自动长大。这个道理，实在不限于物理现象。我们知道，开一个公司也是“创业维艰”，必须聚集足够的人力与资本，才能“大展宏图”。而政治或社会运动的发展轨迹，也与物理世界的成核现象如出一辙。世界上很多政党起始也只有几个人，这就是革命运动的核心。

本书就是要在各种系统间找出其共有的通性，以求在思考某一个系统时，可以借镜于其他类似系统的发展过程。

在以下几节，我们将以此物理世界中的成核现象推展到：

1. 社会（村落、宗教团体的形成）。
2. 生物（树林的形成、一群小虫的聚集）。
3. 经济（工业的建立）。

村落的形成

我们可以设想在先民草莱初开的时代，有一对男女因相爱而共同生活，当此二人初结合时，觅食及照顾各人的生活与两个单身者并无不同，各人都可以觅食，仍为每人负担一人之生活所需。为了安全，他们可能会找一个山洞居住，以防野兽侵袭。

但当两人结合以后，迟早会有小孩；有了小孩后，母亲必须照顾娃娃，不能“完全”地做觅食工作，现在食口已增为两口半（小孩可视为半个），而可以觅食的劳力则已降低为一个半人（妻子仍以一半的时间觅食或帮忙处理食物）。若再生一个小孩，母亲可以参与觅食谋生的时间更少，而食口增加为二大二小，相当于三口，工作人员的平均负担更重。若有三个小孩，即使母亲尚能提供少许劳力，但工作人员的平均负担已增为三口生活所需。在原始社会，这个负担可能就相当重了。

现在假想另有一对，也遭遇同样的问题。不过，若这两对及其家庭共住一个山洞或邻洞，比如是两姊妹，各自成家以后，母亲们可以互相协助，共同照顾小孩，两位母亲可以多一点时间参与谋生生活，若两家各有一个小孩，其总食口为五口（小孩算半口）。但如两家合作，可以互相照应，就可以减少工作人员的负担，所以两家合住，有其诱因。

若三家合住，则由于分工合作可以更周延，每个工作人员的负担可以更轻，于是基于现实考虑，有数家合住的好处。在旧时代，数代同堂，也是靠大家互相照顾才能患难相扶，维持家族的长存。以上各例，自古已然。因此，一个家族就发展成为一个聚落。在这个例子中，相较于上一个气泡形成的例子，其所需成核的能量可以由有用的工作劳力取代，其核心则为一个家庭。

华夏的先民，在最初大约是由类似的模式发展出来的。在山西博物院中有一张图片（图 1-1），大概是形容先民有两家人合作，有人在河中打鱼，有人在举炊。这种情形倒与上述颇为相近。

以上我们以两家合作、互相照应，作为假定的合作模式，并进而演变为一个社群。事实上，如果兄弟姐妹长大后成家生子，在祖母的领导之下，成为三代同堂，这种情形可能是最自然与合理的合作模式。也就是由一个家庭，在三代同堂后，自然演变成为一个社群的核心。

在上节中，我们曾提到在若干有利的条件下，成核的“门槛”可以降低。就生活而言，为了安全，洞穴是个很有利的地方，已如前述；就工作负担而言，通常靠近树林或在河川，则小兽、果菜、鱼介（指鱼类和有介甲的水生动物）较

图 1-1　先民家庭生活图（来源：山西博物院）

易取得，比较易于谋生，河川又可供应饮水，更为有利。

美国新墨西哥州的班德利尔国家公园（Bandelier National Park），其中有一处早年印第安的村落，颇符合以上模式。

新墨西哥州的很多地方为火山熔浆所覆盖，又有很多地方是沙漠，可说土地贫瘠，一眼望去，除生命力较强的矮松树以外，很少能看到树木。从飞机上俯瞰，只有在河川切割的河谷两岸旁有狭窄的绿化带，而班德利尔国家公园即处在这河谷中。在距小河两三百尺处，有一个火山熔岩的峭壁，上面有很多洞穴，乃是熔岩初凝时气泡的遗痕，这些洞穴有大有小，小的可容纳一人，大的可容纳数人。

因为洞口朝南，所以洞中还算温暖，而且洞壁尚平滑，蛮适合居住。这些洞穴就是印第安人的栖居之处，由于高出地面很多，外来者（不论是人或猛兽）都不太容易侵入，颇为安全，我们可以想象该处即是村落最初形成的核心。

后来大约人口增多，他们又在山壁脚下盖了一些石头堆成的小房子。这些房子一半在地上一半在地下，出口很小，颇与台湾兰屿达悟族（雅美族）的房子相似。

这些印第安人以玉米之类等水边所种植的作物为食，不过不知何故，这个村落后来似被遗弃了。据推测，由于他们把作物搬到村中食用，废物就地弃置，并未将其剩余物回归到农作的土地上作为肥料，以致地力用尽后，作物量就不足以维持村中人口所需，故只好搬迁到别的地方去。

中国的先民，甚至近年如巴西雨林等地，实行“刀耕火种”，就是把森林或杂草砍下，用火就地烧成灰以作肥料；但这些印第安人所住地方的树林有限，自不能任意烧去，而又未将作物所剩的废料回归土地，于是才将地力用罄。这个例子除了可说明村落形成的条件，也彰显了该处生存资源的上限。我们在第二章讨论系统成长曲线时，会谈到其成长的上限，届时当再以此村落为例。

树木及树林的形成

在讨论树木成长及树林的形成以前，我们先介绍一些植物生长机制的基本知识。在植物生长的过程中，是用叶绿素作为催化剂经由光合作用制造养料的，而光合作用则是用阳光分裂水分子将氢原子游离出来，与二氧化碳结合成为糖，这些糖可以直接经氧化以提供能量，也可转化成淀粉储藏起来，以供他日之用。因此，水乃是植物生存所必需。植物的根部所长出的根须及根毛伸入土壤之中，经由渗透作用，将土中的水分吸收进入根部，这些水再经“木质导管”靠分子间的毛细现象，吸升到顶部的叶子中，在叶子中再与由空中吸收的二氧化碳进行光合作用。此外，还有些水分，经由叶面上的小孔蒸发到空气中，因此水源的供应非常重要。

土壤中必须有足够的水分，若近处有河流或地下水自可吸足水，否则只有靠天上的雨水。大雨之后，地表积水渗透到土壤中，而各种土壤所能吸收的水分叫“含水容量”（Field Capacity），含水容量以土壤百分比表示，因土质而异。但是，土壤在下雨时虽吸收了很多水分，在雨后却又慢慢地向空中蒸发，地表的水蒸发掉以后，就向下层的土壤吸水，于是由地表往下，地表最干，越往下去，水分越多。植物要向土壤中吸水，如此就要靠植物的根须伸入土中去吸。根须吸水靠毛细管作用所能产生的渗透负压，根须越细，渗透负压越强，越容易吸水。若是根须所能产生的渗透负压不足以吸收土中的水分，水就不会进入根须，这个限度叫作“枯萎含水百分率”（Wilting Percentage）。这个比率随土质而不同，不同土质的枯萎含水百分率也不同。由于黏土的吸附力强，有若干水分不能由土分子上释出，所以，虽然黏土含水较高，其枯萎含水百分率也较高，而含水容量与枯萎含水百分率之差，即为可供物吸收的水分。

另外，植物根部之所以能吸水，是靠根内含有多种化学品的溶液，相对于根外的纯水所形成的渗透压，这种渗透压是一种负压，可将周围的水分吸来（有点像血管中盐分越高，越容易把水分吸到血管中，造成高血压的情形）。于是，根部周围的土壤，其水分较无树根之处丰富，若周围土壤本来就水分充足，足以供应植物或树木生长之用，则即使局部的水分较多，对植物的繁殖亦无太大额外的好处；但若在一个本来比较干旱的环境下，这一点差异就有助于把树根周围的水分抓住，进而更好地实现树林的扩张。

我们可以想象，假使有一个本来没有植物的干旱之地，由于地形或地质的关系，有一个很小的局部区域，在大雨以后可以勉强于土壤中积储一些水分，而刚好此时有一粒种子飘落此地，这粒种子由于一时环境的适宜，得以勉强发芽成长。这棵树的根部就可以把周围的水分抓住，加上有树根的地下系统帮助供应养料及处理废料，于是此树周围就有一小片适于新种子成长的环境，促成第二棵树的生长。这第二棵树也发展出一片含水分较多的区域，于是这潮湿区就由“点”扩而成“线”。若有第三棵树因此在其附近得以生长，则三棵树的潮湿区彼此相连，就造成一个“面”，一个树林的核心就此形成。

实际上，一棵树周围除了土壤水分的条件，这棵成树的树荫还可为新树提供一个减少蒸发损失的屏蔽，以减少烈日及强风对新树的杀伤力。所以对小树而言，旁边的大树不论就水分的供应、风日的屏蔽，都有庇荫之利。不过，若几棵新树木长大以后，由于互相争取水源及日照，又会造成竞争的情形，这一点我们在讨论成长曲线时还会再加研究。

笔者曾访问意大利西西里岛的火山，在火山新爆发的地区，火山灰覆盖了满山满谷，林木全毁，灰上寸草不生。但在邻近较早年的火山谷中，老火山灰经过雨水多年的灌溉、洗刷，有些地方已经较适于植物的生长，零星出现了几丛小草，可见植物已有开始的核心。

金门岛上的树林培植是一个很好的例子。金门是一个多石头的小岛，因为太小，所以也无河流可言，天上的雨落到地上，若无植物将其保持在土中，则除蒸发及部分成为地下水外，其余就流入海中。不过，大约由于上段所提的吸水机制，在古时还是慢慢地形成了一个有树林的小岛，然而屡经后人采伐，林木已不太茂盛。不幸的是，郑成功在经营闽台时，以厦门为根据地大力发展海军，金门成了造船中心。岛上的树木被砍伐殆尽，土壤失去保持水分的根部，不能使树木再生，数百年来竟成为一个濯濯的荒岛。再后来，金门成为海防前哨，有大批军民驻守。军队为了海防及水土保持的需要，深感造林的必要，但靠自然的成长，即使并非不可能，亦需很长的时间，因此还是决定由军队造林。初期培植易于在海风中生长的木麻黄，每个士兵负责一棵树的培植。士兵在生活极度缺水的情形下，将自己用过的洗涤水运到自己的树下加以灌溉，如此惨淡经营，才使第一批树林存活，因此改善了土壤的含水量。又经过数十年的经营，数代人的努力，逐渐将林质提升，才形成今日绿色的金门，这正是“前人种树，后人乘凉”的好例子。而就我们此处的讨论而言，则是以人工造成多处局部的多水分、有营养的土壤，来取代大自然以少数碰巧形成勉强有利于成长的核心，逐步发展的机制。若要靠大自然自己的成核程序，可能还须等待数百年。

由此可见，树林的形成必须克服土壤水分为风日所流失，而根部则可抓住周围的水分，所以第一棵树的存活必然勉强之至，但有了第一棵树就可以帮助第二、第三棵树逐渐成长。对成核条件而言，其必要的“门槛”是：土壤中的水分必须在“枯萎含水百分率”以上，为达到此“门槛”值，正面的因素是已有的树根作为水分的保持者，而负面因素则为风日对水分的损耗作用，其临界值则为第一棵树能够存活的条件。

同样的情形也发生在中国有名的河西走廊。据说，在古时此处本有颇多的林木，但经过历代破坏，逐渐减少。到清朝雍正年间，河西走廊最后一点林木也因大将年羹尧、岳钟琪经营西北，连年用兵而砍伐殆尽，才成为今日的濯濯童山。可见成林要靠多年的生长，而毁林却只要一代的滥伐摧残。

宁夏的沙坡头，位于腾格里沙漠的边缘，虽然就在黄河边上，但因黄河河床刻蚀已深，河床远低于地面，水分无法被吸到地表，因此地面仍是一片黄沙。中国自清朝中叶开始，多年来内蒙古沙漠一直在往南延伸，政府为了遏止沙漠的扩大，现正努力设法绿化沙漠边缘。在沙坡头就有一个绿化沙漠的实验。研究人员在沙漠边缘用木框把沙漠隔成很多方格，再在方格底部垫一层草垫，浇水后再把沙与草籽填上，这些湿的草垫就把水分吸住，以供草籽发芽之用。等小草渐渐长大，这些草根与原来的草垫一起把水分抓住，慢慢地，这片人工保育的草地已有丛丛绿草在成长繁殖。这也是一种以人工重建植被“核心”的例子。（见图 1–2）

植物的根部还在地下造成一个地下支系统，除了提供植物所需的水分，还供应植物所需的其他养分，对植物的生长有很重要的作用。这个地下支系统包括根茎及其周围的土壤，以及其中的各种细菌、微生物、大小动植物，它们自成一个共生的“食物链”，为地面上的植物（尤其树木）提供营养、

图 1-2　中国宁夏沙坡头沙漠绿化工程

消化废料及改善土质。这些根部下面的支系统，由于可以改善地下的土壤，故对于地面上植被的扩张有一定的帮助作用，详情在第三章讨论。

小虫聚集

有一种鞘翅目的小昆虫云杉大小蠹（Dendroctonus micans），在闻到同类身体所发出的特殊气味时，就向气味来源聚集，聚集的虫团越大，气味越强，也就能召聚更多的同类。

1984年，比利时物理化学家、理论物理学家普里戈金（Prigogine）与史坦基（Stengers）做了一个有关这种小虫的有趣实验：在两个20cm×20cm×2mm高的扁平空间里，在空间A放了密集的小虫，在21分钟内，所有小虫已因受相互气味所吸引，紧紧地结集为一个大团；在另一空间B放了稀疏的小虫，由于相互距离较远，气味吸引不强，在22分钟后，小虫虽较聚集，但没有太集中。

可见，这种小虫的凝聚力有其限度，若是小虫在空间的密度很高，各小虫很容易闻到邻近同类的气味，它们会很快聚成一团；反之，若其密度不高，则小虫各自东西乱飞，并不能聚集在一起，即使有少数集结，也会再分散。在此例中，吸引同类的正面因素为其气味，并与其集团中的虫数成正比，虫自由来往的本能则为其反面因素，两者相抵就定出一个“临界距离”。小虫间的距离若小于这个“临界距离”，即会自动聚集，当集团越大，吸引的范围亦越大；反过来，若小虫的密度很低，其平均自由活动的距离大于每只虫散布其气味的“临界距离”，就不会聚集。

这种倾向不限于这种小虫，海中的鱼群常会结集在一起，冒充为一条大鱼。我们也常见空中鸟群，紧密地集合在一起，随空中气团上下翻飞。这与小虫的聚集并无不同，所谓“物以类聚”及“臭味相投”便是如此。中国留学生或华侨喜欢与同胞相聚在一起，每所大学城大致都会有一个中国学生聚集的地方，并成为新来者的“招待所”。大家异地作客，相濡以沫，这种同类的凝聚力可说是生物的本能，实在是群体可以互相保护。近代心理学家认为很多生物，包括人类在内，其遗传基因中就有两种不同的基因同时传了下来：自私的自我保护基因与为公众服务的合群基因，后者就是为了群体的安全及延续，所以“群体相聚”其实也是动物的本能。

某种工业区的形成

某种工业区之所以能够形成，首先技术必须已经成熟，达到可以量产的程度，而且能够销售。如何能够产销，则决定于其上游原料及下游的市场能否配合。生产本身除技术外，还需要有合适而充足的技工，以及能够配合的周边服务业及基础设备，最终还需要有愿意冒风险的投资人。在一个工业刚起步时，原料、市场、人力、周边服务等都未必完全合乎理想，风险很大，因此投资人较少；一旦成功，其获利率亦高。反之，若这个工业已经有人作为先驱，将以上各因素都建立或彰显出来，则后继投资人会争相投资，而且由于以上各因素常有地缘关系（如接近原料、接近市场、该地技术人力充沛、周边服务齐全等），所以新来的工厂也聚集在一个地区。例如，美国的汽车工业，由福特创办的生产线开始，其后各工厂也都集合在福特发源的底特律城附近，其原因即为接近技工来源及有方便与较集中的周边服务。又如 19 世纪至 20 世纪美国钢铁工业在大湖区，这是由于接近煤矿及船运方便；而很多机械工业集中在克里夫兰城一带，则是由于那一带有很多熟练而优秀的技工，这些技工多为由捷克、波兰等东欧国家到美国之移民，具有技工的传统及勤奋的美德。美国加州的硅谷是电子工业聚集地，也就是靠几家电子业先驱在那里设研究及生产设施，形成了人才及设备的集中，于是发展出一时的重镇。这类例子在中国古时也多见，如景德镇的瓷器业、江南的蚕丝均因其为原料所在地而聚合成名，而上海、无锡之制造工业、纺织工业则因有熟练的技术工人、方便的运输以及当地丰沛的资金得以发展。

同样的情形也可在各种行业中找到：银行业常开设在同一地区，以求其资金票据的交换方便；台北的百货公司多在东区，则为便于吸引顾客，其情形与虫团以共同的气味作为吸引力颇为相像。所以，一个工业的形成，其正面因素为原料、市场、技术、人力、周边服务、基础设备等；其负面因素，则是在最初以上各因素的优点未彰显或建立发展前，将这些接口设备建立起来就颇不容易，有相当大的风险；而“门槛”则为建立第一工厂所需的资金与技术。

除以上因素外，政府的鼓励亦可帮助将“门槛”降低。例如，在20世纪七八十年代，中国台湾地区的行政管理部门励精求治，努力发展工业，首先乃以非常优厚的条件鼓励民间发展轻工业，王永庆在行政管理部门的大力辅导下，得以开创台湾的塑料工业。此事虽应归功于王永庆的眼光及魄力，但行政管理部门的优厚条件大大降低了投资风险亦为重要因素。中国台湾的科学园区，更是由行政管理部门以土地、减税、基础设施、小区环境等种种诱因，形成一个人造的核心，才能把新竹园区打造成一个世界级的高科技中心（尤其电子及信息工业）。中国的改革开放始于深圳，也是靠政府的大力鼓励及培植，乃发展成中国经济发展的第一个核心与先驱。所以，一个工业在其初创时期，必须有独具眼光的投资人，建立或发展起技术及相关的要素，随之乃有后续者以其为核心，蚁聚在一起。

社会系统的核心

一、系统的核心

社会系统可包括社会团体、政党、宗教团体等。这些团体在草创阶段都很艰辛，甚至要冒生命危险。政党如孙中山创议革命，以及后来的共产党等的建立，均起源于几个有勇气、有远见、有组织能力及说服口才的先驱。先驱们通常有相当长久的潜伏期，一直到社会大环境恶化，使很多人因对现状不满而寻求改变，小组织才能吸收大量成员，逐渐发展，形成气候。社会团体如西方 18 世纪的共济会、20 世纪的工会和民运团体，以及现代的环保团体，也都经过了如此一段艰苦与寂寞的路程。

至于宗教团体，其先驱更多的是抱着舍生取义的勇气，默默布道，在劳苦大众中慢慢成长。基督教从耶稣以下，为创教及布道而殉难者不计其数；佛教由印度发源，其徒众向各地布道时，也常受迫害。宗教常会因当政者的迫害遭遇“灭教”之厄。在西方，罗马帝国衰亡后，日耳曼民族在欧洲大迁移，进入“中世纪前期”（又称“黑暗时代”），基督教濒临灭亡；东方的佛教在中国古代就遭到“三武灭佛”之祸（三度被谥号为“武”的皇帝所打击）。所以，不论是创教、布教及恢复宗教，都必须有大智大勇之士，凭其毅力，以一个小小的团体作为核心，重振其理念。此种例子，值得加以讨论。

二、系统灭寂后的再生

我们曾论及在公元5世纪，日耳曼民族到处乱窜，侵入文明地区，罗马帝国因而灭亡，西欧希腊—罗马文明也随之衰亡，欧洲进入“黑暗时代”。

其时，罗马教会虽还能勉强苟存，但很多教士与僧侣逃避到边远地区。其中，爱尔兰远居西欧边陲，其西海岸更是偏僻。当时刚好有一位“圣人”圣帕特里克（St. Patrick）出现，由于其不懈的努力，感化人们皈依基督教，爱尔兰乃成为僧侣避难隐居之处。这些僧侣在爱尔兰西海岸荒野居住苦修，他们必须苦其心志、劳其筋骨，并做各种功德，其中很多人就以抄写经典为功德。在那个时代，识字的人不多，教士、僧侣是少数能读拉丁文的人，他们也就以文化传承为己任，所抄写的不单有宗教经典，还有从罗马帝国逃亡时带出来的希腊—罗马文明的精华经典文献。这些隐士僧侣中也就出现了不少饱学之士，随之就有好学者慕名前来求教。这些人在老师简陋的蜗居周围建造简单的小土窝（图 1–3），这种有如胡蜂巢的小社区，就成为爱尔兰的学校与僧院。

在这些苦修僧侣中，最有名的是圣高隆（Colum Cille）。他乃贵族出身，本可成为一方之主，却放弃荣华，皈依为僧。他最先在爱尔兰修道，而且努力抄写古书，后因个性坚毅得罪了教会，被驱逐出爱尔兰。他就带着一批门徒到爱尔兰以北的苏格兰的爱奥那岛（Iona）上，并在此偏远的根据地致力于发展僧院，以本人及其十二位门徒为核心，逐步发展。终其一生，他以一个僧院逐渐发展成六十个僧院，并收了三千门徒。这些爱尔兰式的僧院，与旧罗马基督教的保守狭隘不同，其特色是宽容开放，对各家学说的学习及抄书都很积极，这种作风与爱尔兰人的开放性格有关。同时，爱尔兰僧院是在罗马帝国已经衰亡以后才发展起来的，罗马教会对其已没有约束力。僧院由住持（abbot）领导，主教们鞭长莫及，僧院因此可以自由发展。后来，他们逐渐由苏格兰向欧洲大陆发展。那时，原来到处流徙的野蛮民族已逐渐安顿下来，愿意接受这些有学问的传教僧侣。在这些传教僧侣中，圣高隆邦（St. Columbanus）尤其出色，他一生在欧洲传教及开设僧院——据估计，他在今日的法、德、意、瑞士等国共开设了一百所僧院，成为重兴基督教与西方文明的核心。

由于这些僧侣的默默苦功，不但把基督教传给广大民众（那些主教忙于照顾贵族，平民就归传教的僧侣教导），同时，也把他们传抄的希腊—罗马文明的经典传播到了各处，西方

图 1-3　爱尔兰僧侣苦修所居住的胡蜂巢小屋（beehive hut），图中隐约可见倒塌的围墙及另一小庐

文明这才得以传承下来。

其时，日耳曼民族正慢慢地安定下来，建立起他们的封建社会。这些新兴的领主大多仍是文盲，不大会治理领地与教化属民，于是就靠这些爱尔兰僧院的传教士所介绍的古文明知识，来帮助他们做治理与教化的工作，实在是一种很好的共生互利。由此，欧洲才慢慢地脱离了“黑暗时代”。而西方文明能于千钧一发、不绝如缕，后人实在应该感谢这些默默工作的僧侣，他们对人类文明的传承，功不可没。

爱尔兰僧侣对欧洲古文明的传承，使一个衰亡文明靠一点微小的火苗，薪传不息，终能重新发扬光大，这是一个很好的“复兴核心”的例子。一个核心能在不利的环境下生存发展，必须有其特别有利的条件。这个“核种”之所以能在爱尔兰发生，就是因为爱尔兰有几个有利条件：

1. 地方偏僻，不受蛮族干扰。
2. 气候温和，土地肥沃，避难者及僧侣易于生存。
3. 人民性格开放，可以容纳各种意见与人物。

系统在经过形成核心的阶段后开始成长，成长有两种方式：量的增加及质的成长。量的增加，为其成员个体数目的增加，如树林中树木的增加，或在人的团体中成员人数的增加。至于质的成长，则属于这个系统功能的加强与精致化，其中包括子系统的形成，以分工方式来加强效力，或以吸收新成员、开创新方向等方式使子系统更多样或分工更细致。我们人体内有消化、循环、呼吸等各种功能的子系统，这些子系统在人的成长过程中逐渐成长，而且相互之间功能的配合也因年岁而改变，即是一例。另外，一家公司由小变大、由简单到复杂，也是一例，以后在第三、第四章中会有详细的探讨。

第二章

『质』『量』与人类社会的发展

量的增长

系统成长需要资源，而资源并非无限。在初期阶段，系统还小，所需资源足够在供给生存所需以外，还能有余裕供继续成长之用。但若这个系统已长大到占用相当大的可用资源，则成长所需资源必须取自有限资源；减去系统既已占用的资源，剩余的资源就很有限，这就大大减缓了成长率在量上的增长。具体而言，一个系统成员的增加率受三个因素的影响：成员总数、可利用的资源（总资源扣除已分配作为他用的资源），另外还须扣除已死或已退成员所需的资源。其成长率就与此净剩资源成正比，我们可以将其列成如下的供需公式：

$$\frac{dN}{dt}=\gamma N(K-N)-mN$$

其中 N 代表一个系统或群体的大小；t 为时间；γ 代表出生率，即在群体中，某一单位时间内，出生者在全群体中所占的比率，将出生率乘以 N，即代表群体中一段单位时间内的出生数，如“万分之三”即代表在此期间，一万个群体成员中，有三个新生者出生；m 代表死亡率，亦即在群体中，某一单位时间内，死亡者在全群体中所占的比率；K 称为环境荷载能力，也就是说环境最多只能提供 K 个成员的资源，因此也可认为环境所能供养 N 的极限。N 与 K 具同一种单位，K 的大小决定于维持群体生存所需的资源。

无论起始的 N 值为何，随着时间的推移，系统会达到一个稳定值$N=K-\dfrac{m}{\gamma}$，代表群体的大小和环境荷载能力、出生率及死亡率有关，其成长曲线如图 2-1。

这个公式可以用来估计一个系统是否已达到资源的极限。本来是用来估计资源所能支持的人口的，后来却被广泛应用于产业极限、国家经济状况、化学、物理，甚至医药上有关肿瘤的研究上。虽然在现代社会中有很多新的因素，原式已不足以应用，但成长曲线的图形仍可作为参考。

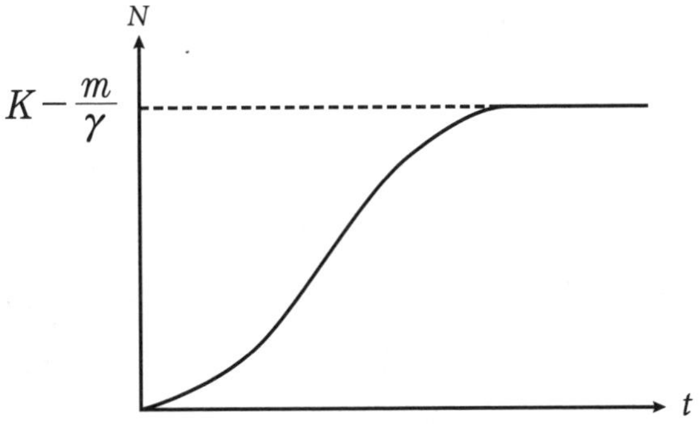

图 2-1　由环境荷载能力、出生率及死亡率所画出的群体大小成长曲线

图 2–2 的成长曲线可分几个时期。第一段为“成核期”，起头难，成长非常慢。第二段为“初期成长期”，因为资源充足，所以此阶段其成长快速上升，也可称为“快速成长期”。第三段为“后期成长期”，其成长的坡度已减缓。之后则达到极限，走向水平，为“平衡期”。最后甚至走向下坡，为“衰老期”。

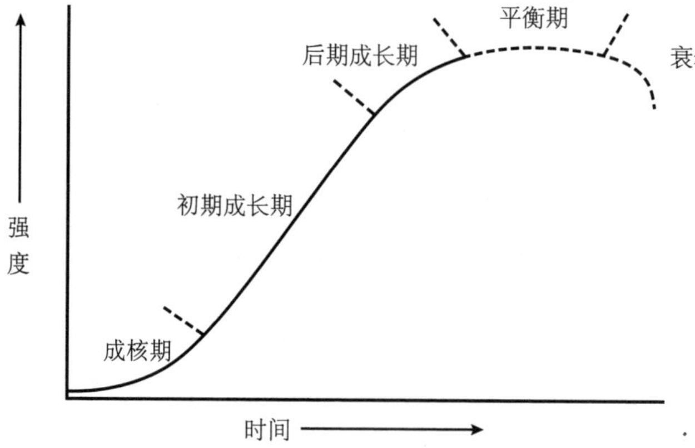

图 2–2　成长曲线

这一种成长曲线叫作“S 曲线”，又称为 sigmoid 曲线，有时又叫 logistic 曲线（中文有时称为“逻辑曲线”，颇令人难以理解，因为“逻辑”的英文为 logic，而 logistic 为供需方面的功能，应称为“供需曲线”较妥）。在成长速度变缓后，此线形变平，后来更下降（如虚线），所以一个生命周期曲线包括成长曲线及后面的衰老部分。

一、量的初期成长阶段

在初期成长阶段，这个系统的成长率与其大小成正比。这个关系是假定成长时所需的资源或“养料”，随着这个系统的成长而增加，也就是每个成员都可吸收或提供若干养料，以资成长之用。比如一片树林中的每一棵树都可提供若干养料（如可生根的土地），若树的数量加倍，则可供成长的养料也加倍。

由于在成长初期资源仍颇充沛，成长所需的资源不必与维持现有系统所需的资源竞争，因此其本身之大小只有正面提供数据的用处，而无负面的影响。

这情形我们常能看见：比如一家商店和另一家商店在开始即有大小之别，若两家的经营能力相同，但由于甲店资本大，销售量也大，很快就会远远地超出乙店，这就是独占事业造成的原因。这种强者越强、弱者越弱的情形，也常可以在苗圃中看见：一棵长得较大的树苗，会比旁边稍弱的树苗长得高大。我们在院子里并排种了两枝玫瑰，一枝稍微大一点，大约根也长一点，就长得快一点，于是吸收阳光也多一点，半年下来，这较大的一枝就比另一枝大了一倍。

此外，城市的成长也是足捷者先登。图 2–3 为美国东南角公路分布图，此图右方公路比左边的与下边的密集，表示在右边的人口比其周围地区要密集很多。事实上，这个密集地区也就是美国早期在南方最先开发的地区，成长得较快，

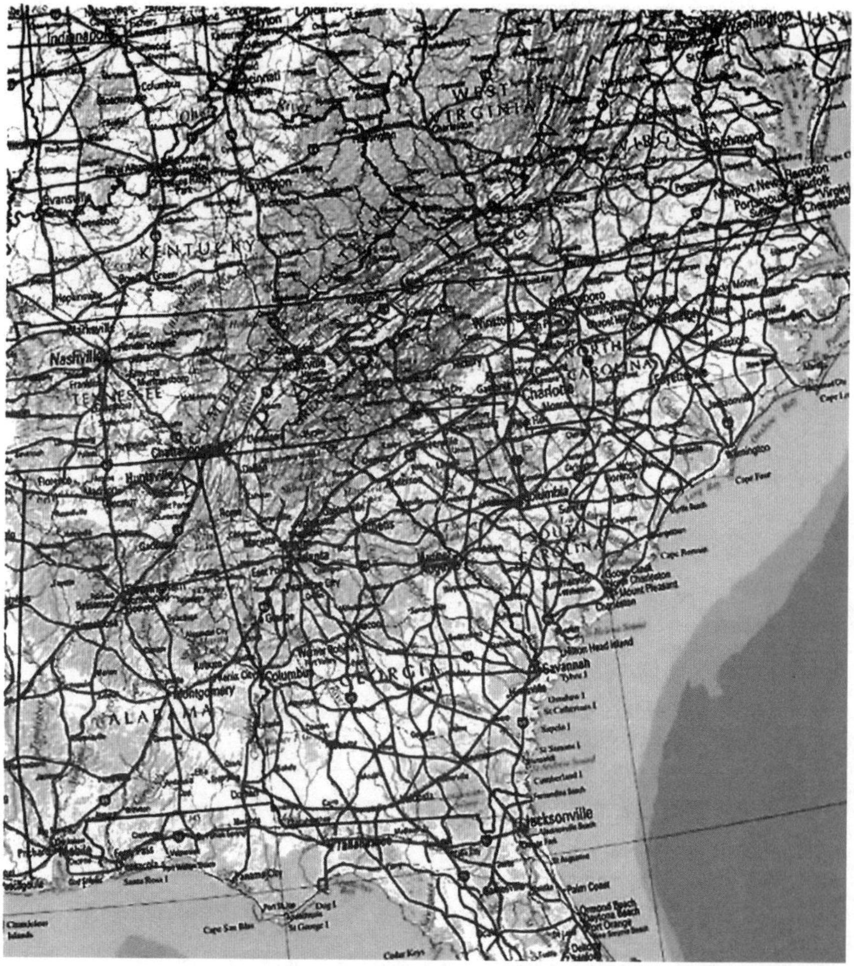

图 2–3　先发展地区成为人口中心［来源：美国地质调查局（公共领域），引自维基百科］

最后乃超越及并吞邻近地区而成为一个大中心，其他地方较晚开发，因此公路网络较稀。

另一个比较类似，却不能明显以量化表示的例子是：同一班上领先与垫底的学生，由于前者多得师友的鼓励及期望，以及凭其较多的知识，更加强其学习能力，促成这个学生越来越好；而同班的垫底学生，学习能力本已不足，又学得不彻底，则更影响其对新知识的吸收，几年下来，两者的知识及学习能力就会越差越大。

有人可能认为这种强者越强、弱者越弱的情形，基本上验证了达尔文之“适者生存”的理论。但事实上，在一个系统初期生成阶段，其资源供应尚未衰竭时，不免有此现象。一旦一个系统长大到其成长所需资源已与本身生存资源两者发生竞争，其成长就会遭遇限度，进入成长的第二阶段，也就是受资源限制的阶段。

二、量的后期成长阶段

一个系统的成长，需由其周围环境取得资源作为“养料”，这个资源因系统而异——就树林而言，其资源为土壤面积、水分、矿物质及肥料等；就一种工业而言，其所需资源为资本、原料、市场、人力等；就一个气泡而言，其所需资源为热能及空间；就一个村落或人类社会而言，其所需资源为食物、水源、土地、活动空间、能源等。

在物理现象中，我们前面所举的气泡成长，亦是先快后慢。最初，一个气泡有周围的过热液体提供热量，随着气泡的成长，这些热液含热量及热表面所供热量已不足以供应增大后的气泡，成长减缓，最后气泡长大伸入较冷的液体，从而失热而萎缩。对气泡群体而言，最初各气泡不相接触，可以自由发展；后来各气泡互相接近，大家争取热源，气泡数增加了，而各气泡却变小了。

一种工业或交通事业也有其盛衰周期。在航空运输业未兴以前，大西洋上的交通以邮轮（mail ship）为主，其吨位数与日俱增。随后，由于飞机的兴起，其吨位逐渐衰减，而在747喷气机加入客舱行列后，大西洋邮轮数量即直线下降。新陈代谢之兴衰周期，其成长部分也与logistic曲线相同（参图2-4）。现在，邮轮已转化为旅游业的游轮（cruise ship），其功能已变，不能再视为主要交通运输工具，故不在此处讨论之列。

图2-5为中国台湾“工研院”所制计算机芯片的生命周期，其中每一个尺寸的芯片都有其生命周期曲线。芯片随制造技术的发展越做越小，但每一个尺寸的芯片仍在其市场需求下有其生命周期。同样的情形发生在汽车工业和较近代的信息工业中。

如果一个系统中有几个支系统，而这几个次系统各有其开始及成长的历史，也就是有个别的生命周期曲线，若彼此

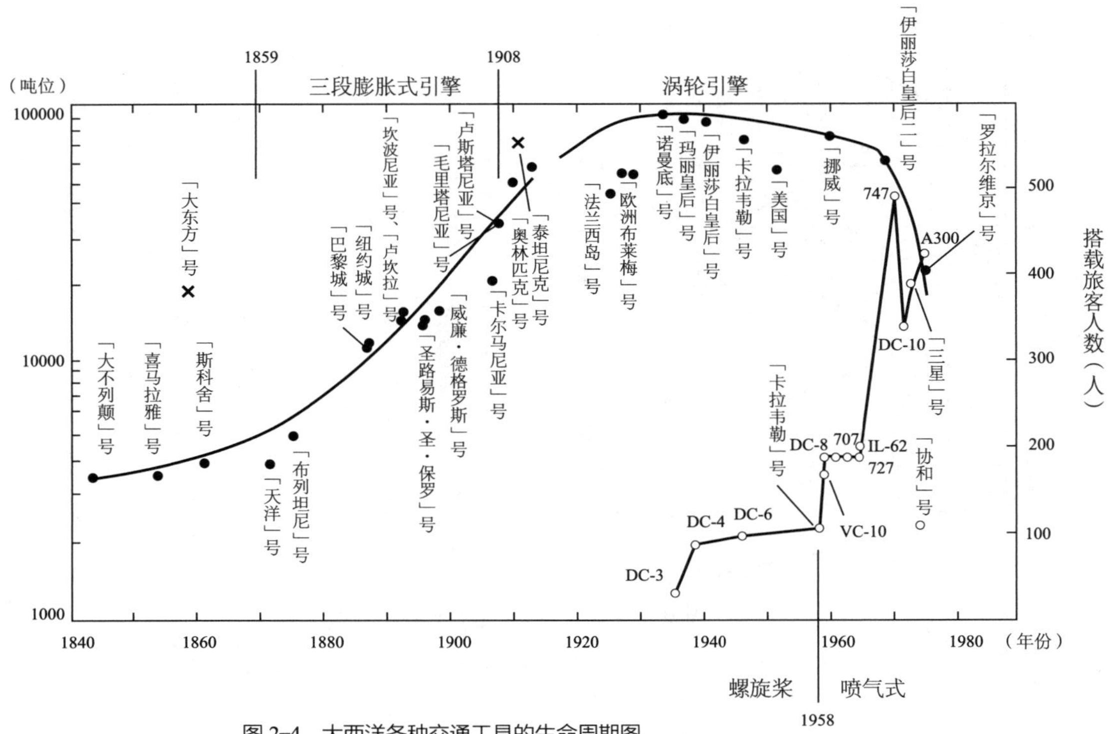

图 2-4　大西洋各种交通工具的生命周期图

注：**×** 代表该邮轮在航行过程中沉没了。

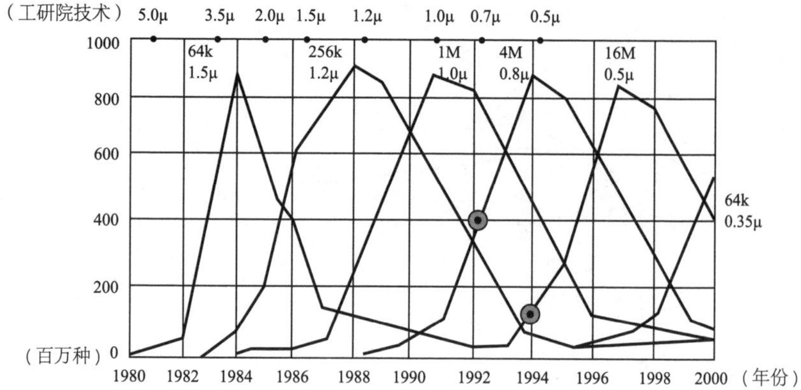

图 2–5　工研院所制计算机芯片（DRAM）的生命周期图

刚好位于前后或相接，则可以使整个系统持续成长。图 2–6 代表某一群体中，三个“次群体”先后嬗递的情形，也就代表三个“次群体”各自所经历的兴衰交替的成长过程。

以上由三个系统结合形成的大系统成长曲线，就表示出一个经过几波成长及几波暂息的大趋向。美国从建国以来，经济似乎一直持续增长，只是各阶段快慢不同。而实际上美国经济是由各区域经济所组成的，且每个区域经济都经过各自的盛衰兴替——其兴盛次序依时间而言，可先后分为：殖民时期→东海岸→新英格兰→南方→东北区→中西部→西岸→南方。以上地区各领风骚数十年，其总和即与图 2–6 一样，我们在第十一章还会对此做详细的讨论。

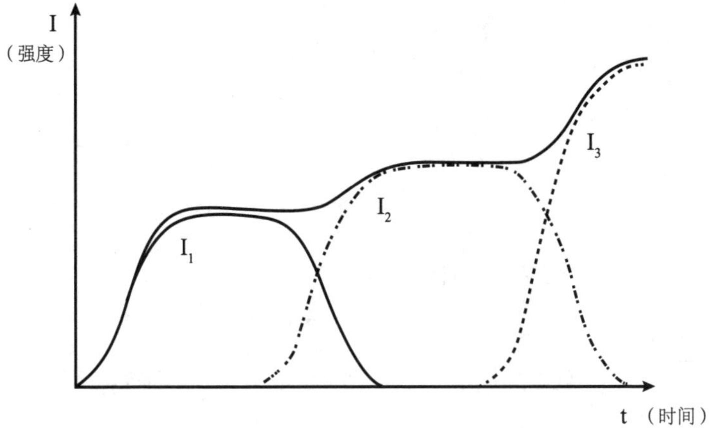

图 2-6 前后相连的几个系统合成一个连续的复合大系统

系统的上限和社会发展的制约因素

一、资源的上限

一个系统的上限，取决于哪些资源？而各种资源的上限何在？

就村落或城市而言，虽然现代社会需求发达，资源限制又有污染物的处置及迁移，能源供给是否充足，甚至于政府的调配及管制等问题，但就基本生存而言，仍以粮食、水、土地为主。尽管每个资源各有其极限，但成长极限却决定于最先达到的极限——在供需公式中的参数 K，就是代表这个极限。

关于村庄的极限 K，我们在上章谈起的印第安部落就是一个很好的例子。这个部落的上限就是土地生产粮食的能力，村民生活了很多年，一直把地力耗尽，就不再能生产足够的粮食，于是只有搬移一途。

另外，关于城市的生存上限，中国古都长安就是一个很好的例子。长安是中国汉唐盛世时的首都，它位于关中，三面环山、一面环河，以此作为屏蔽，军队进可以出潼关征战中原，退则可以依靠潼关天险，拒敌于河津。关中沃野千里，可以供军民之食，就国都而言，实在是中国几个古都中形势最好的一个。秦国就因其山川形势的优势，乃能一统天下。但是关中虽富，终究不能无限制地供养不断增加的人口。在汉朝，长安人口只不过二十余万人，就地供养还不难；但到了隋唐之际，长安人口已达八十余万人，加上卫戍征战的军队，需粮更多，关中已无法支应。事实上，当时北方的粮食已需由南方支应，所以才有大运河的修通。当时，粮食便靠运河运到洛阳、开封，再分运各地，最主要的当然是供应都城的需求。岂奈黄河湍急，逆流行舟，挽拉之夫，一船数百；而陆路又须在崤山中搬运，因此长安粮食一年只能有半年的供应，朝廷百官常须“就食东都（洛阳）”。如此则长安不能长久地维持八十万人口，也就不能再为帝都。因此唐代以后，长安就萎缩成一个中等城市。在此，对维持人口而言，其 K 系数大约只有四十万人。

就一个树林而言，其上限可能决定于有足够水分的土地；就工业而言，其上限决定于资金、原料、市场、人力及技术，其中原料及市场这两大限制，是企业家经常关心的。19 世纪末以及 20 世纪的大部时间，世界多次战争就是由于资本主义驱使帝国主义，使得列强无休止地在攫取原料，或在扩充市场，日本侵华即为一例。西方列强在世界各冲要争取基地，虽用传教或援助等美丽的借口，但实际上却是为了保护其货物及原料能不断地供应、畅通无阻。

二、人类现代社会的上限

现代社会的上限，最主要者应为能源（包括石油、煤、天然气、核能、再生能源等）、水；此外造成“温室效应”的二氧化碳等气体的排放量，也应纳入环境的极限，我们在此分别各做简短的讨论。

（一）能源

1. 石油

由于人类现代社会耗用能源太快，能源中的石油供应及储存量已近极限，只要人类不能脱离对石油的依赖，世界就会为石油而纷争不休。在21世纪结束时，石油大约会开发殆尽。美国为了争夺石油，发起了海湾战争，让中东扰攘不安，不知有多少年轻人埋骨疆场。事实上，今日中国在东海、南海的布局，也是为了保护“大陆架”下可能有的丰富油田、气田。[1]

正因如此，各工业若不未雨绸缪，另辟蹊径，改用其他能源，届时必然有很多工业会因能源的极限已临而日暮途穷，各国的经济版图也将大为改变。因此各国必须努力开发替代能源，以维持经济领先地位。

1　注：“大陆架”乃是大陆沿海土地和缓延伸入海，一直到海底地壳断层，海底突然陡削下落，才是大陆延伸的边缘。

2. 核能

现有各种核能反应炉，虽已比石油、天然气、煤的发电厂经济效益为佳，且就设计而言相当安全，但遭到特大灾难时（如日本福岛的大海啸），如果人谋不臧，仍会造成灾害。此外，废料的处置仍是一个到处被排拒的难题。近来，有各种新的核能设计纷纷出炉，其目标都是在解决安全与核废两个难题，假以时日，应可有成。

3. 天然气

近来，地下天然气的开发技术有了突破性的进展，工程师用高压气可使地下岩层压裂，以释放出天然气和天然油。天然气可开发的容量突增，可以暂时减轻人类对石油的依赖，此方面美国正在大量开发。但地下岩层如被大片破坏，其后果如何，目前似还未引起人们的关注。

4. 再生能源

此中包括太阳能、风能、生质能（如生质废料的利用、玉米酿制酒精等）。其中，太阳能技术虽在近年有长足的进步，但仍受天时地利的限制，只有靠政府贴补才能生存；风能亦如此。至于以农产品酿制酒精，非但要靠政府贴补，而且与民争食，会造成社会不安。2008 年的大不景气，其实可回溯到布什政府以大量贴补鼓励玉米酿制酒精，导致食物价格飞涨，进而造成经济大崩溃。所以拿食用农产品来做能源，只能偏利于大农业公司，实在是短见而不公平。

由以上讨论可以看出，就短期而言，我们要靠天然气来逐渐接替石油；长期而言，我们仍要寄希望于各种新的、更安全的能源，例如少废料的核能。

（二）水资源

大家对水资源渐告枯竭了解得较少。水资源很受地理的限制，有些地方水量充足，如中国的南方、东南亚和南美的雨林，而有些地方苦于干旱，如非洲中部、阿拉伯半岛、阿富汗等地区，常因水源之争引起国际纠纷，故要靠水利建设及区域合作才能调节水源的分配。世界因能源而纷争不已，但对地球上的生物而言，水资源的枯竭可能比能源问题更为严重。

由于人口的急剧增加，加之工业用水的急增，水资源的短缺日渐严重。人类对河川的滥用，常造成河川断流，下面就是两个例子：

美国的科罗拉多河发源于落基山脉，流经科罗拉多、犹他、亚利桑那、内华达、加利福尼亚五州，再进入墨西哥，其上游奔腾于河谷之中，下游则灌溉农田。美国政府多年来建坝筑渠，调节水量，以求可供流域内都市及农田之用。但南加州是美国重要的农仓，尤其帝王谷（Imperial Valley）是美国果菜的重要产地，用水甚多，科罗拉多河流入南加州后水量大减，而且因一路进出城市，河水被反复使用，水中的矿物质浓度大增。这些水最后大部分被农田截留，只有少量流入墨西哥，其后果是：科罗拉多河入海三角洲已成一片蛤蜊滩，而南加州农地的盐分却与日俱增，以后终将成为盐地。同时，泥沙不能流入大海，海岸线也会内移。这就是一个滥用水资源的例子。

另一例是以色列与约旦间的约旦河与死海。约旦河上游是《圣经》内有名的加利利海（Sea of Galilee），现在是以色列的主要蓄水库。但以、约两国取用了约旦河水后，把都市废水又排回了约旦河，所以约旦河的下半段就成了一条污水沟，最后污水流入死海。同时，约旦河被两岸人民消耗后，流量大减，死海所收到的是又少又被污染的水。于是，死海的面积越来越小，盐分越来越高——约旦河与死海一起渐近死亡。

至于中国台湾今日的工业发展，将来可能成为其成长的限制者，大约为水资源及土地。台湾的土地本来就很有限，而人们又任意破坏自然生态及水土环境，更可以说是浪费土地资源。此外，虽然台湾的雨量多，但河川短小，水资源并不丰富，而人民却不知道有效地利用，同时还滥抽地下水，致使屏东一带地面下沉，有些地区甚至降到海平面以下。日后水资源也会与土地一样成为成长限制，人们应知所余的可用资源有限，若不知惜福，则极限到时，一切只有萎缩一途。

中国水资源的地理分布很不均衡，北方缺水，南方尚有余裕，因此政府有“南水北调”的大工程。

（三）“温室效应”

地球上空所含的二氧化碳量日见增高，影响地球向太空散热的功能，以致地球气温日见上升，造成海平面上升、各地气候改变，对地球环境及生态有很大的影响。我们需要努力减少二氧化碳排放量，但是只要有机物燃烧，就会产生二氧化碳，而这又是我们生活必需的过程，所以减少二氧化碳排放量知易行难。现在各国都已设定二氧化碳排放量上限，新的工厂在设立前必须使用别处的二氧化碳减产量来抵消此新厂的二氧化碳排放量。如此，也于无形中鼓励了太阳能等再生能源的应用，也就是说，“温室效应”对能源消耗有双重影响。

社会分工：质的成长及变化

一个系统，由于生存及发展的需求，其内部必须有支系统分工合作，以有效地利用资源。由于这些支系统的产生与成长，这个系统才能有更大的功能。因此，支系统的产生、成长与其合作功能的精致化，也是这个系统的质的成长。我们现在就以各种例子来解释系统质的成长。不过，由于系统内支系统的功能与互动是一个很重要的题目，所以除在本章大略解释以外，我们还会在第四、第五章就支系统的运作做较详细的讨论。

一、支系统的组成

一个系统内部必须有一些支系统才能运作，而且一个支系统又会有其自己的支系统。一个系统就是由这一层层的支系统所构成的；唯其有层层的支系统，才能成为一个系统。

在无机系统中，太阳系、河流、桌子，都是一个系统。太阳系中的各行星、彗星等，均是其支系统；一条河的支流、沙洲、礁石，都是其支系统；一张桌子的桌面、桌脚、抽屉，都是其支系统。

在有机系统中，树林的支系统包括树木树根下的地下系统，树下的小草、青苔，以及林中的大小野兽、昆虫等。在人体中，我们有消化系统、呼吸系统、神经系统、循环系统等，再下又有骨骼、皮肤等支系统。

在社会系统中，公司内部的生产部门、营销部门、研发部门、策划部门等是其支系统；国家则有领导人、政府、军队、教化、生产及大众等为其支系统。

二、支系统的成长

一个支系统会随时间而长大，比如人类的手脚肌骨在幼时很小，但随年龄的增长而慢慢长大、变强；又如树林中的小树小草，也会逐渐长大、长高。同样，公司随业务的增长，其下各部门也跟着扩张；国家在立国时业务简单，而随着国家的壮大，政府及军队也越来越大——就以美国为例，今日之美国政府比建国时已扩大了千万倍。

一个系统在分出几个支系统时，各支系统经由其各自的管道从主系统吸取养料。最初，各支系统各自发展，相互之间并无很多资源交往互动，如树枝的分枝（如图 2-7，可见支系统与系统的相似性）、河流在三角洲上的分流、一家的子

图 2-7　树枝与树具有相似性
（来源：钱煦）

图 2-8　树叶的生长过程，叶片由小长大，叶尖的各部分并不相连、网络亦稀，但长大后各部脉络相连成整片，与城市的成长相似

女、公司设立的分公司、城市的扩张等。

但是，在各支系统逐渐长大后，各支系统之间由于其更下一层的子系统会因距离的接近或业务的需要，而直接相互沟通，结成网络。网络的功能在于传送资源、信息、成员及废料等。图 2-8 显示树叶脉络与叶形的改变。[1] 灌溉渠道系统的分布亦复如此。

同样，一个城市通常有辐射出去的几条干线，干线间则有街道相连，其中还有小巷相通。而在开发早期的郊区，则只有主线，较少有

1　注意：树枝上新生的叶子为掌形，但随着叶子的长大、脉络扩张，叶掌上各分片之间的空缺逐渐长满，长成一个完整的叶掌，其演变由小叶逐渐长大成大叶。

小巷快捷方式的联系，其情形与叶子的网脉甚为相像。

城与城之间亦复如此。一个地区最初只有两三个地点，因得山川地利优势，成为发展的核心，逐渐成长为城镇，而城镇之间也会就河流山谷的形势发展出交通道路。其后，随行旅的需要，沿路就会发展出休息、转运的小市集，这个地区就慢慢地成形了。此时，政府为了治安及税收，就会在各重要据点分官设治，而其管辖的虽是地区，但实际上政令却是沿干线传达的。中国古时地方行政单位常以“路”和“道”为名（如江南西路、剑南东道等），后来乃有广东、广西、江西等省名，实在是导源于地区网络发展的过程。

总之，一个支系统的产生及成长，其程序是由主系统上一点分出一线，由此一线再分出下一代的支线，这些小支线又分支出去，而各支线又有互相交错，乃成一个网络面。树叶的成长如此，一个城市与其周边地区亦复如此，而政府控制地方，基本上也是以点制线，再以线制面。

三、支系统功能的复杂化与精致化

随着系统的成长，其支系统的功能也要加强，而且各支系统间的互动与协调亦须加强。人类在长大的过程中，不但手脚变强，手脚与大脑间相互的配合与协调亦越为精密；国家在国力强盛后，各部门的功能也日见加强，更有进者，各部门之间的协调也须更为密切，才能应付复杂的内外变化。

四、系统的质的强化

由以上各项，我们可以看见一个系统内质的加强，必须包括各支系统个别的长大、强化，以及各支系统间相互配合的加强。反之，如果各支系统不能有质的强化，则即使系统在量的方面已经长大，而质的方面却未能改善，如此这个系统也只不过是一个未长成的“巨人”，难以长久生存，更难长久壮大。

在本书第十一章，我们会详细探讨各支系统的质的强化过程。

五、系统的弱化

一个系统长大后仍可能弱化，可能是由于资源耗竭，系统无法成长，甚至无法生存，也可能是由于各支系统的老化；或者由于各支系统间交通不够，或荣枯不匀，不但无法配合，而且还互相抵消或冲突；或者有外来的干扰或冲击。凡此种种，都会造成系统的弱化、衰退，甚至覆亡。

在本书第九章及第十章，我们会详细探讨系统的弱化过程，以及系统如何能经过转化或演化，再度转弱为强。

一个系统中常有几个支系统，这些支系统虽然各有所司，但相互之间也有互动，这些互动有的是直接因果关系的纵向互动，有的是相互配合的横向互动，我们将在本章分别讨论。

第三章

系统内部支系统的互动与文明的冲突融合

纵向互动

在一个系统中，有些支系统的兴衰会直接影响到另一支系统的兴衰，甚至存亡。有时这种纵向互动会造成一个链状的因果关系，下面就是一些例子。

一、无机系统

一瓶水和一勺盐和在一起，盐就被水溶掉；但一瓶盐加勺水，水就不见了。盐溶于水和水吸于盐，是两个系统互动的例子。

一座桥梁如果桥基不固，则桥墩不稳，桥架也就易倒，这就是一种链状互动；黄河在黄土高原流动，河水冲刷河床，切蚀日深，这就表示河水与河床互动，但河水占主导地位。

海岸线上，一方面，积沙会因被海浪卷入海中，造成沙洲的流失；另一方面，入海的河流又会夹带泥沙来扩大沙洲。这一得一失，如果刚好相抵，沙洲就能维持不变；否则，沙洲就会或长或缩，不稳定。可见支系统间互动必须保持平衡，才能维持系统的稳定。

二、有机系统

大海之中，大鱼吃小鱼，小鱼吃虾子，虾子则以海藻为食，这是标准的食物链。在这条链上，大吃小必须适度，否则就把链条弄断了（小的被吃光，大的也就断粮），海洋生态的维持，就靠鱼虾、海藻各支系统的平衡互动。同理，一个森林中，树木花草、大小动物也要有其纵向互动的平衡，才能欣欣向荣。就以美国的黄石公园为例：过去几十年，由于附近的农民和牧场持续猎杀野狼，在公园内外已无狼群，小动物得以大量繁殖；园中低矮植物因此被大量摧残，溪流旁的小植物也就无法荫蔽水中的小生物，溪流生态平衡大受影响。公园当局为了保持生态平衡，只能从加拿大进口了一群野狼，保护其生存繁殖，才在近年恢复了园中食物链的生态平衡。

所谓生态平衡，也就是各支系统间互动的平衡——在各种生物世界均有此必要，并不限于国家公园，同样的情形也适用于海洋系统。

三、社会系统

至于社会系统，所要求者乃是各支系统间资源与责任调配得宜，不能损甲补乙，偏荣偏枯，否则轻则整个系统的效率降低，重则整个系统会因此受害。

社会活动中，纵向互动的例子很多。不论公司、军队、团体、国家，都有层层节制的组织，由上下互动来发挥组织的功能。其中，如何维持有效的互动就牵涉指挥必须宽严合度，过宽则号令不能贯彻，太严则部下不能充分发挥才能，有碍未来的发展。其情形与黄石公园如何保持生态平衡异曲同工。

横向互动

一个系统中常有一些支系统，担任主系统的一部分功能，而其运作必须与别的支系统互动才能有效发挥。这种系统通常比较复杂，因此才有分工的必要。下面是一些例子。

一、无机系统

在无机系统中，我们有很多例子，其中简单的如一张桌子：桌子有桌脚、桌面、抽屉，各有其功能，但也须与其他部分互相配合，才能发挥这张桌子的整体功能。

较复杂的系统，如一辆汽车，有引擎提供动力，有驾驶系统，内部包括驾驶盘及能转向的车轮，其他还有刹车、照明、空调、导航等，各支系统必须密切配合，车子才能安全行驶。

二、有机系统

有机系统中最明显的例子是一棵树。树有树根，吸取土壤中的养料，树叶进行光合作用，树干则支撑全树。但树干中又分支持重量的木质纤维、传送水分的毛细管和保护树身的树皮。若是果树，还有开花结果的细胞，应季而生。此外，在树根下面另有一个大家看不见的地下支系统，具有为地面树木供应养料、消化废料、改善土质等功能。其中，树根根须分布在土中，除吸收养料外，还把周围的土壤开出空间，以容纳废料处理系统。其中包括由微小生物，如细菌、小甲虫等负责把土中的死根、废木等消化分解成可吸收的养料，由此供霉菌及蕈类生长，这些小植物再为一些游牧动物所消化；而这些游牧动物本身又为较大的甲虫、蝎等猎食。而所有这个食物链上的排泄物及尸体又为根须所吸收。同时，土壤为这些生物的活动所疏松，更便于根须的延展。所以，树林系统中地上、地下的各个支系统互相配合，各有所司，缺一不可（见图 3–1）。

更为复杂的是人体。我们身体中有神经系统、呼吸系统、消化系统、循环系统、生殖系统等，共同处理一个人一生的身心需求。各支系统如有失常，或有相互失调之处，比如心律不齐，就会影响其他器官；又如糖尿病会有很多并发症导致整体的衰老。所以，任一部门的过荣过枯，都会影响此人的身心健康，甚至危及生命。

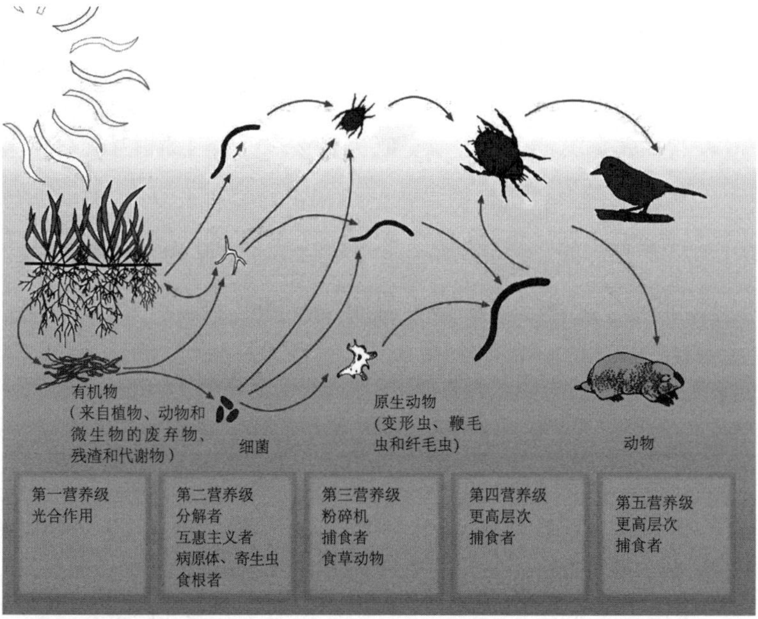

土壤内食物链、植物、有机物、鸟类和动物之间的关系（图片由美国农业部自然资源保护局提供，网址：http://soils.usda.gov/sqi/soil_quality/soil_biology/soil_food_web.html）

图 3-1　树下土壤内食物链［来源：美国农业部（公共领域），引自维基百科］

支系统如果都能保持不衰不变，那系统就可以顺畅运转。但是，任何系统都不会永远不变，尤其有机系统，更是会随着时间而改变。各支系统就会因资源分配的改变而兴衰，也可能因本身的老化或成长等原因而有相互间的消长，进而造成相互间配合的失调，造成系统的改变与不稳定。这个课题，我们会在第九、第十、第十一章详细地讨论。

三、社会系统

社会系统之内包含很多成员及支系统，内部相互间有相当复杂的关系。在生物界，蚂蚁和蜜蜂都有很复杂的社会。丛林之中，各个兽群也是一个小社会，而林中各个兽群相互之间又是一个复杂的社会。其中涉及空间与资源的分配，以及统御阶级的制定。

人类社会又比丛林更为复杂，小自一个家庭，进而一个村庄、一家公司或一个国家，都是一个社会系统。每个系统为了其系统的延续，都必须有生产、分配、管理、保卫等支系统，我们无法一一讨论，只能就公司及国家两类加以研讨。其中，因为国家兴亡影响甚巨，所以对于国家系统将会有更加详细的讨论。

社会系统不同于以前所述的有机及无机系统者，其要求系统内成员皆能和谐相处、合作无间。因此，一个系统必须有一个共同遵行的团队精神或行为准则。故在讨论各系统实例前，有必要将这个团队精神或行为准则的来龙去脉加以详细讨论。

（一）团队精神或行为准则

这种团队精神或行为准则，使一个社会团体成员能知道自己的行为必须合乎团体利益，不能只顾本身或小团体的利益而不关心全体，所作所为都要先想到是否能为其团体所接受。这种准则，是根据这个团体过去经验的累积所形成的，由此共同准则，大家才能保持团体内的和谐。在家庭中，这是家教、家训。这种社会共同准则并无一个成文法，只是一个世代相传的礼俗规矩。在一个文化系统中，此任务在远古时代通常由祭师担任。到后来，随着社会的演变，这项工作就由知识分子担任（包括中国的“读书人”，西方的教士或长老），其道德规范是入世的。中国人常说“天理良心”，其实就是这先天的“和谐”。

我们可能以为这种团体精神是人类文明所特有的。但事实上，我们可以在大小动物中找到很多先例：

1. 蚂蚁会为群体做很大的牺牲，当大队蚁群走到一个低陷坑洞时，先头部队会毫不犹豫地走下坑洞，以身体填平低坑，让大队顺利地前进。

2. 狼群面临大敌时，会听从头狼的指挥，奋不顾身，冲锋陷阵。

3. 狮群为了替团体觅食，会听从头狮指挥，分进合击，而所得猎物也由团体共享（不过，大公狮有权先食）。

4. 英国的乌鸦喜欢偷食人们门口新送来的牛奶。每次牛奶公司设计出更好的防偷方法，乌鸦不但很快就能破除障碍，继续偷吃，而且很快就把新方法传授给其他乌鸦，毫不自私。

5. 狗会舍生护主。

所以，在比较原始的民族，老年人在围猎时会自动担任敢死队，首当强敌，死而无憾（如印第安人）。而在老病无用时，也会自动出走，以免成为团体的负担（如因纽特人）。

可见，愿为团体牺牲是动物先天就有的本能，是社会演化（Social Evolution）过程中所发展出来的。而在人类文明发展过程中，为了群体的生存与壮大，这种团体精神更受鼓励，成为社会稳定所必需的一环。

我们在以下各段中，会分别讨论精神或行为准则在各该系统中的重要性，其中有关团队精神或行为准则的讨论，就在于指出这是社会系统与前述的有机系统的不同之处。我们后续将讨论社会系统的支系统，并把行为准则也列为支系统之一。

（二）公司

现在先谈公司：一个公司的产生，通常是为了生产商品，再营销获利。因此，公司必有生产、营销、管理等部门，上面有老板，下面有各级员工，分属在各部门，这些都是支系统。各部门必须同心协力、互相配合，以求产品物美价廉，营销顺利，公司才能赚钱。这个道理很容易了解。但“同心协力”四个字，看起来容易，做来却很难。因为“同心”，就要大家有共同的信念，知道什么是公司的目标，并有共同的行为准则，才能协力。所以，公司除了有形的支系统，还须有一个维持共同信念的无形支系统。这个无形支系统通常就是所谓“好传统”或“团队精神”。但“好传统”的传承要靠人来做，这通常要靠开创基业的“先进们”树立的好榜样，再由“老员工”传下去，这些以身作则的传承者就是一个公司中无形的支系统。一个成功的公司，必有其好传统。一般只求近利的公司缺乏长期互动的支系统，也就是缺少了好的团队精神。一些具备团队精神的典型，例如，清末的山西票号，就以诚信互惠为准则，业务得以遍及全国；又如中国早年的民间帮派，以信义为重，才能立足江湖。

美国的老牌公司，如通用电气（General Electric Company，GE）及通用汽车（General Motors，GM），以前一向以质量良好为傲，顾客也信任其产品。但不幸的是，在20世纪70年代，美国有些企管专家认为产品如过于经久耐用，顾客将延后购买新产品，影响公司的营销业绩。所以，他们主张产品必须“计划性的淘汰”，质量不能太好，必须在有限时间内报废，以便及时替换，顾客才会购买新产品。果然，公司在短时期内业绩大增，但却因此把自己的产品信誉毁掉了，结果让日本厂商乘虚而入，大大影响了美国的经济。这就是背离了良好传统的教训。公司之所以如此短视，则是由于公司中营销系统过强，只求一时的业绩，迫使生产部门放弃了讲究质量的传统，这是一个支系统间失去平衡的例子。后来，有识者发现：美国企业在世界市场上已因眼光短浅而逐渐失去了竞争力，导致很多公司“英年早逝”，乃讨论如何能保持公司长久不衰。有人就从世界百年老店的营运方法中吸取教训，其结论大致而言，各百年老店的成功要诀不外下列数点：

1. 公司员工要有团队意识，大家都要有归属于一个永续团体的观念，休戚与共。

2. 公司营运要多元化，不能只靠一个产品或市场。

3. 时常注意市场、资源、技术的改变，与时推移，眼光不能短浅。

以上各点，听起来似乎并无高论，可实行起来却并不太容易——尤其是第一点，美国公司的老板与员工（工会）都只讲眼前需求的满足，很少能有此远见与胸怀。

（三）中国的农村文明

另外一个例子是中国的农村：一个村子，通常是聚族而居，平日各家自理生计，春耕夏作、秋收冬藏，各行其是，每家都是生产支系统的一分子。但村中其实仍有一个系统组织，这个系统通常由一位德高望重的长辈领导，下面有负责防卫的乡团，由村中体力好且武艺高强者担任，在地方不靖时就会动员起来；在村中需要进行灌溉或修建防洪工程时，则另有一批对工程有经验的村民动员起来；如村中有救济或庆典时，又有另一批人出动；村中有任何争执或筹划的工作，则由一些读过书或见过世面的人帮村长与村民沟通，而其做事与判断的依据，则是我们中国人数千年来共同遵奉的道德伦理。所以，即使是一个小村庄，表面上是“无为”而治，其实也有其潜在的支系统，有事时就会出动，而且大家也有共同的行为准则，以保持村中的和谐。

这是华夏文化特有的传统。华夏文化与西方文明不同，虽然对老天相当尊敬，但中国人始终没有发展出一个强有力的普世宗教。中国人的“老天”，毋宁就是各人的“良心”，其实也就是一个行为是否能为社会所接受。对中国人而言，每个人都是家庭及社会的一员，个人的祸福，也就是大家的祸福。

华夏文化植根于农业社会，虽然也是靠天吃饭，但人民早就在经验中知道：大家努力，只要能配合自然，因事制宜，不论旱涝大致都可以克服。而且，既然人在共同克服困难时有分工，于是认为上天对风霜雨露，大约也有分工。顺此推论，乃发展出多神的观念，也就没有发明出一位至高无上、全能全知、人人必须服从的主宰大神。同时，在生产过程中，大家知道合作的重要性，于是注重和谐；而既然以最基本的生活单位为家族，于是乃由家族的和谐为起点，进而求社会的和谐。所以对忠孝仁爱等美德，作为人与人之间应有的礼节，应特别注重。这些观念，早在商周时代便深入民心。儒家之所以能广为大众接受，就因其能包含及发扬这种基本精神。如此精神，乃是导源于亲子之爱，再扩为族群以及人类之爱，是一种人性自然的演进，进而将其系统化。后世乃以儒家思想为社会上的行为准则，这是与西方文明的不同之处，同时也造成东西方社会行为准则基本上的差异。下面我们来讨论西方文明的行为准则。

（四）西方文明——独神教的行为准则

在西方远古时代，道德规范的维护与诠释原由祭师担任，后来一个社会有了强力的宗教，其道德规范诠释的责任就由共同的宗教担任。而一个宗教的形成，必须符合其社会的传统文化精神，西方文明受宗教影响很大。因此，与华夏由儒家担当不同，西方社会行为准则的维护者是由宗教担当。

西方文明的宗教，主要是犹太、基督及伊斯兰三教。三者都起源于阿拉伯半岛一带的游牧文化，独尊一神，因此其教义与教规都必须从其游牧社会传统文化衍生出来，否则人民无法接受。为此，宗教也就将其教义教规与社会固有的礼俗规矩，一起认作共同的行为准则，于是教会或教士就成为行为准则的诠释者。

我们可以想象，阿拉伯半岛上的牧羊人在茫茫草原上，风霜雨露，一切靠天吃饭，深感自己非常渺小，于是对上天的主宰完全服从。我们可以想象一个孤独的牧人，在寂寞的荒原上，晚上仰望苍穹，会感到只有他与上帝单独相对（这种情境在《圣经·旧约》中常出现，每个教主也都以直接受命于上帝为号召）。这种心情就会使他觉得自己的所作所为，必须单独对上帝负责；这种心态造成了西方以个人为中心、好坏都归自己的观念。

此中有一个很矛盾的逻辑：一方面，教会以教主之名，在经典中以及后来的诠释教规中，以上帝之名明订了很多行为准则，教徒必须遵从，可以有一套共同的行为准则；另一方面，却又有人自认也曾与上帝直接沟通，使他觉得自己的所作所为只需单独对上帝负责，这种个人负责的观念，就会与其教会相冲突。于是，一方面，个人负责降低了教会行为准则的普世性；另一方面，却解放了教会对社会的桎梏。于是，个人自由与社会规范不能两全。

不幸的是，犹太、基督及伊斯兰三教，各因其教主与教会对其上帝的了解不同，又互不相让，以致冲突不断。从中世纪至今，中东的乱局，数百年无宁日，行为准则与规范因此混乱。究其根源，实在是由于一神教的强力排他性。

社会系统中，对我们最有切身关系者应是国家，故需要详加讨论，所以将另立一章，在下面单独探讨。

在上一章，我们谈到农村系统中有生产、防卫等支系统。事实上，虽然因国家的事务繁杂，在一个国家系统内必须有很多支系统，其中最重要且最根本的，就是生产、防卫与管理这三个支系统，以及一个无形的文化支系统——共同行为准则，上面则由一个领导系统总摄提调。这几个支系统，是为了这个社会生存、成长及和谐所必需，其他如司法、立法、监察、考试等支系统，都只是为了帮助以上四个系统，使其更有效而逐渐衍生出来的，实则可归属在这些基本支系统之内。我们可以以世界上的几个重要文明为例，就其国家的四大基本支系统的功能和演变，加以探讨。

第四章

国家系统和世界主要文明

华夏文明

中国在春秋以前，仍是家族封建体制，王族子弟，层层分封，中央政府并不能直接指挥各诸侯（只有在国家有战争时才能动员诸侯），一个国家其实是一些氏族的松散结合。一直到战国时代，各诸侯逐渐互相竞争，大家整军经武，一些大国才具有一个国家的规模，内部分工也逐渐精细。所以，我们讨论华夏文明体系内支系统的分配与互动，在战国时代以前，基本上是以纵向的层层节制为主；在战国时代以后，各大诸侯开始具有国家规模，才有全国性、横向分工的支系统发展出来。大国的军队规模，动则万人，军人尤其是将校都由熟习兵法的“专家”担任，所以军队已成为一个完整的支系统。君王的行政体系也由一些能言善道的“士”来担任，这些“士”虽然属于各门各派，但大家有一个共同的目的，就是为君王所赏识，得以施展所学，其中以法家、儒家及墨家最为突出。

我们在前一章谈过，一个国家系统必须有一个共同的道德行为准则，而此准则的诠释、维护者，通常由宗教担任部分或全部功能。因此，在中国历史上，行为准则的诠释、维护者，就归能够了解先人记录及先例的文士们担当起来。

这些文士由于具有知识、能力，因此兼负“牧民”与“教民”的双重任务。他们如果得用，就成为行政支系统，且不论在朝在野，他们始终有诠释“先王之道”“为天地立心，为生民立命”“继往开来”的重任。也就是说，在华夏文明中，行政管理与行为准则的维护，这两个支系统都由士人担任。但是，一个人不能同时在朝及在野，所以行政与监督仍是两批人。因此，中国的士人，在朝“牧民”、在野“立心”，均以双重任务自许，这是中国读书人特有的双重使命。

一、国家的中枢首脑

在各支系统上面，有一个总摄提调的首脑，这个首脑名义上只有国君一人，但事实上，国君身边总不免有一些侍从或顾问。这些人会主动或被动地向君王提供意见，君王也会从其中采纳一些建议，作为命令，发交下面执行。所以，这个以近臣、侍从所组成的“中枢”，其实也是一个支系统，并有其内部的互动。一个君王是贤君或昏君，其分别只在是否能辨别顾问意见的忠奸与好坏。一国的兴衰，除君王中枢是否得人心外，还要看各支系统是否称职，以及相互的配合与互动。

在中国，君王身边往往有一些人帮助其决策、顾问及协调，这些人可分为三类：近臣、后妃和宦官。

正常的顾问或助手应为学养俱佳的近臣，才能辅助国君。但不幸的是，最易说动君王的却常是后妃，如有此事，就会造成“女祸”，此中包括后宫的直接干政或外戚的干政。此两种干政，战国以下，几乎无朝不有，而以汉、唐两代尤甚，西汉与唐均几乎因此失国，西晋更因贾后乱政而亡。另一个祸根是宦官，宦官因生理变态，心理易失常，又因随侍君王，容易在闲言闲语间打动君王，以小忠掩饰大奸。宦官之祸，也几乎无朝不有，都对国家造成了极大的伤害，而以汉、唐、明三朝为最，唐、明两朝也因宦官乱政而大衰，东汉还因此覆亡。

正当的中枢人物应是天子的文学近臣，这些人士多为天子的老师或秘书，天子下诏必须由他们参赞或起草，其影响力比外朝的宰相还大，实在是真宰相，是真正的内阁。这种内廷的机要秘书在列朝都有一个基本的趋向，乃是权力由内向外，层层取代。我们可由汉朝开始：汉初的行政首长为丞相，但在天子身边，有尚书起草诏书，渐渐地凌驾于丞相之上，尚书开始参与行政。后来，尚书乃成为一个行政长官；而内廷草诏的权，又有中书负责，中书以后，又出了个门下，负责诏书的封驳——几朝下来，相权因内外递嬗和分工，变得相当混乱。到唐初，就把以上三“省”的功能清楚划分：中书草诏，门下封驳[1]，尚书执行，三省要互相协调。这可能

1　即就诏令的可行与否，在发出前加以评估，可说是有限的否决权。

是对近臣在相权分配上唯一一次明确的规划，但事实上，尚书已经划到宫门以外去了。

不过，唐太宗以后，朝政大权渐渐旁落到女主、宦官、藩镇手中，宫中小内阁的功能已无关大局。到宋朝，为了避免皇权旁落，大臣们的官衔与实际的任务并不相属，实际任务则为天子随时指定，如某人被任命为“同中书门下平章事”，此人即是宰相。到明朝，明太祖废宰相一职，大权独揽，集君权与相权于一身，六部尚书直接听命于皇帝。但是太祖的子孙没有他那样能干与勤政，于是在宫中担任顾问的“大学士”就渐渐成为小内阁；而且明朝大半段时期，宦官以“秉笔太监”的身份，常能代皇帝做“朱批”，皇权常常为太监所窃取。到清朝，皇帝身边又有小内阁，在康、雍两代名为“南书房行走”，其后因连年用兵，军机处乃成小内阁。

总之，中国自古以来，一向是皇帝中央集权，除了北宋中期，相权通常并不能制衡君权。所以，不管相权放在宫内或宫外，大权仍在皇帝手中，即使常为身边小人窃取，也是皇帝自己造成的。

我们就皇帝身边小内阁的演变仔细叙述，是为了指出小内阁这个支系统的成长与演变是由内向外、逐层推移、递换的。例如，尚书原为宫中辅佐皇帝的秘书，外面有丞相执行，但尚书之权与日俱增，渐渐地侵入及取代丞相的权责。与此同时，尚书自己身后的秘书工作却也被中书取代。这种层层推移的情形实在不限于此例，在各种系统中也有类似的情形：在树干中，一层层的纤维在中心产生，向外生长，最后长到外皮层，成为树皮，但后面新的纤维层却也已一层层地生长外推。又如，洋葱也是一层层地向外生长。家庭中的兄弟，年长的出外谋生，家中有老二承欢膝下，助理家务，但老二逐渐长大，要多料理外务，老二在家中的原有工作乃由老三接手。

以上是中国古代皇帝及其幕僚的功能及演变，皇帝以外，还有好几个主要的支系统：管理、防卫与生产三大支系统及一个潜隐的行为准则系统。现在先看管理系统。

二、管理系统——维持行为准则的潜在教化系统

中国在春秋战国时期，“百家争鸣”，培植出一个很兴旺的士人集团；秦朝一统天下，“焚书坑儒”，独重法家，其官僚基本上是法家。汉初，大乱之后，与民休息，用老庄的“无为”而治；但到汉武帝时，因为一则诸王尾大不掉，二则匈奴太过强悍，于是听从董仲舒等儒生之议，“罢黜百家，独尊儒术”，以求“尊王攘夷”。由于儒家之说导源于上古以来华夏农村社会的伦理，讲究合作，尊重秩序与和谐，有助于统治，又比较温和，易为百姓所接受，于是儒学成为中国普遍的生活准则。而儒生乃成为管理支系统的骨干，以及华夏生活准则的传承与诠释者。

但进入管理支系统，必须有一定的途径，在秦汉初期，

通常是由上位者从其亲友中选拔，或延请有名的学者。但这种进用途径太窄，不适用于大一统的局面。在汉朝乃由政府在全国各地征询地方父老，推荐贤良方正人士到中央，再由朝廷按其才学及名声分配工作。后来，更将人才按地方公论，分成上中下九等，是为“九品中正制”。此制度听起来虽然颇为公正，但因读书人多出于读书世家，因此其子弟容易在地方上出名，也就容易入选，而且评为高等，于是乃有“下品无豪门，上品无白丁”之讥。此种选举方法最大的毛病在于，造成官吏为豪门大族所独占。同时，大族借做官的特权，不但可以免缴田粮，而且可以广置土地，所以士族形成了特权及独占的阶级，对国家导致税收的减少以及人才进用的不公。此现象一直延续到隋唐，朝廷开始举办科举取士，才稍微公平。但科举为了公平及易于评分，又有种种硬性及机械式的规范，迫使士子为学走向偏狭死板之路。到清代“八股”取士，更使士人思想狭窄。

以上所述，回顾中国古代管理支系统发展的经过以及近代的情形，考试取士的制度大体还算公平，但也有几点利弊：

1. 以科举（或今日的文官考试）取士，虽不完美，但多少给贫富同等的机会，使行政支系统能有新陈代谢，不会由豪门独占。

2. 官吏来自各地，家乡如有问题，会由家乡父老告知，官吏可向政府为地方请命。即使离职或退休后，回乡成为士绅，也可在地方上为民喉舌。

3. 官吏在地方置产，常有逃税情事。此弊列代均有，雍正皇帝就费了很大的气力来除弊。

4. 科举本身是为了公平，但在执行上，其考试题目及方式常流于琐碎偏窄，不能测试真材。

大体而言，中国古代以读书人为官吏，还算不错的制度，其中最重要的好处是中国读书人秉承其自古以来“以天下为己任”的使命感，同时担任行为准则维护者的责任，把道德与行政支系统合二为一。所以，中国虽也有颇多贪官，却也列代均有好官，为天下后世作楷模。

一个社会的行为准则，如前所述，是由列代承传下来的，其中有一部分已由儒家以经典方式归纳与流传。同时，另有一些在社会上以生活的方式流传，比如有些人的所作所为，对一个社会而言，有的应该为楷模，有的为社会所唾弃，人心自有公论。这种社会公论就会有读书人以诗歌、小说或戏剧的方式，流传后世，如《三国演义》《水浒传》《岳传》等，以及列代的诗词，其中歌颂忠孝节义，鄙视奸邪，都以古人为例，深入人心。所以，民间流传的行为准则虽非成文法规，却代代耳濡目染，对人民的约束力实则远超过法律及经典。其中，读书人与时推移，言传身教，使社会能代代遵循，保持中华文明的基本价值观，实在是功不可没。以上种种活动与行为楷模，强化了基本的社会行为准则。中华文明从汉代起，就以维护社会和谐的儒家思想为主流，经历两千年主旨不变，只是随时代的需要而演绎。中华文明之所以能历久不衰，就靠这恒定的行为准则。在这方面，代代读书人（如董仲舒、朱熹、王阳明等）“为天下立心”的自我期许，为重要因素。

三、防卫系统

另一个主要的支系统乃是防卫系统，也就是军队。中国古代的军人来源有征兵及募兵两种。通常在国家承平时期，寓兵于民，只要人民能经常操练，一旦国家有事，即可随时征召。先秦时代，兵源由分封诸侯供应，后来列代亦有征兵之制，其中大约以唐初的府兵制最为完善。但是，征兵制的弊端是如果国家升平，人民久不习兵，士兵会因懒散而无用；如果国家连年用兵，士兵又会因此误了农耕，无法长久维持兵农兼顾。因此强盛如初唐，征兵制也未能维持很久，到武后以后就渐渐改为募兵。募兵兵源或为人民中贫苦者或好斗者，以从军为职业，也可能是从尚武的边疆民族中招募。前者历代都有，后者则以唐代最多。不论哪一种，带兵的将领拥兵自重，变成军阀，常成为国家乱源，其中东汉、三国、唐、五代为害最烈——或如汉代及明代的由世袭军人以“兵屯”的方式，长期戍守一方；或如汉末，军人世代为将，更能雄霸一方。

四、生产系统

至于生产系统，则因中国传统上主要以农立国。生产本身虽然由民间自理，但生产的基础设施，如水利、道路、防灾等则由地方政府与士绅共同主持。虽然商业自商周以后逐渐发展，其中有些大商人（如吕不韦）还能善用其财富影响国事，但就大体而言，中国古代历代基本上是“重农抑商”。到唐宋以后，工商业逐渐发达，才成为国家民生的重要支系统。不过在以下几章，我们以历史中各支系统的发展为讨论重心，所以工商支系统暂不多谈[1]。

五、总结

中国的几个支系统大致完备，如果各支系统能各尽功能，国家就是“治世”（如贞观、康熙）；如果其中有一个支系统有缺陷，国家机器就不能顺利地运转；如果有两三个支系统有问题，国家就进入乱世，甚至覆亡（如汉、唐、明、清等朝代末年）。各支系统容易有的毛病如下：

---

1 但因商业而兴起的“丝绸之路”的发展及促进东西文明的交通，却是我们在第五章中的重要议题。

1. 领导部门（中央）：在皇权时代，最易犯的错误是女祸及宦官，皇权越强越容易犯这两种毛病。所以历史上，汉、唐两代这两种祸患最多。此外，奸臣对政权的祸乱也不容忽视。

2. 防卫体系：此体系如有军阀就会尾大不掉，如果是番兵番将就更难控制，汉朝末期以及唐朝与五代均有此弊。但如宋朝，“重文轻武”，却又矫枉过正，以至武力过弱，不能保卫疆土。

3. 士人集团：士人身负“牧民”“教民”两责，关乎国运甚巨。一般而言，士人尚能公忠体国，但有时也会有奸臣出现，弄权误国或结党营私、排斥异己（唐、宋、明均有），都对国家有害；而奸臣结党更会误国，秦桧、严嵩均是千古罪人。反之，历史上的贤臣为国谋利、为民表率，也代代皆有。

4. 生产大众：国以民为本，这个支系统是最重要的，但生产大众不论是农、商或工，也是最被当权者忽视的群体。不幸的是，中国古代，人民很少能过好日子，而平民又因为穷，很少能受教育，于是平日逆来顺受，到真正走投无路时，又被人利用，被鼓动造反，所以实施真正的全民教育才是根本之途。

西欧文明

罗马帝国覆亡后，日耳曼民族在西欧四处流徙，西方文明全毁，西欧进入所谓的“黑暗时代”[1]。其中经过五百年的演化，才变成中古的封建时代，又经过二三百年才演变为现代的西方文明。由于这一段演化过程塑造了今日的西方文明，所以，要了解西方系统的结构，必须先了解其演化过程。

公元5世纪，罗马帝国覆亡，日耳曼民族在西欧流徙。这些蛮族本无文字，也无文化，基本上以流动劫掳为生，但在西欧土地落脚生根后，就逐渐建立及发展其农业社会。那时，西欧大陆基本上是一片连绵的森林，林中偶有一点开垦的空隙处有些农家。这些农家，不论是原有居民或是新来的蛮族，为免被人劫掳，都需有人保护。于是，各个部落首领凭其武力，成为一方的保护人，也就成为一方领主。其后，有力有能者渐渐扩张或兼并，发展成小王国，并把土地分封给亲族或有功的部下，通过层层分封，建立了西方的封建制度。

1　即中世纪前期；其间欧洲各民族国家正逐渐成形，并非完全“黑暗”。

同时，罗马帝国衰微后，有很多基督徒为避乱世，退隐苦修。其中有些人为了安全，也为了可以共同合作生产，而集居在一起，就发展成苦修的僧院，其中最重要的是爱尔兰圣帕特里克（St. Patrick）教派的僧院（见第一章），以及在地中海罗马本土所发展出来的圣本笃（St.Benedict）教派僧院。圣本笃为其所创立的僧院制定了一些作息规章，由于其规章宽严合理，后来就成为一般基督教僧院的范本。在这些规章中，明定僧徒每天四个小时为宗教活动，四个小时祷告及自修，从而让这些僧侣不但有时间用于读经，也可用于修习罗马的文明遗产，如文学、法律、艺术、音乐、数学等。据估计，在五百年“黑暗时代”，西欧仅有的少数读书人中，百分之九十是僧院教育出来的。当时罗马教会的教士、主教等，忙于与各新成立的王国及贵族打交道；一般小民的教导及教育，就靠僧院出身的僧徒们默默耕耘。

其时，由于帝国的衰亡，在罗马的基督教会失去了罗马政权的支持与保护，夹在东罗马拜占庭帝国（Byzantine Empire）与北方新起的伦巴第政权（Lombards，今日意大利半岛北部）之间，依违为难。幸亏当时有一位能干的圣本笃僧徒格里高利一世（Gregory I），被任命为教皇。格里高利临危受命，以其务实的作风和灵活的外交手腕，周旋于两大政权之间，努力向北方蛮族推广基督教。一面以其教士、僧徒的知识及宗教帮助这些新兴王国治理国家；另一面小心谨慎，力求基督教义与蛮族的固有信仰互相融合，避免冲突。例如，北方蛮族冬天及春天都有盛大的庆典，格里高利就把圣诞节、复活节与其融合，以求逐渐取代。如此相互合作，基督教乃得以推展，而各蛮族国王也需要有教皇的承认与支持，以求其政权的合法化，双方各尽所能、各取所需，成为典型的“共生体”。

罗马教廷最重要的突破在其与法兰克（Franks）国王的交往。法兰克是西欧日耳曼诸王国中最先开化及强大的王国，因此也最早与罗马教廷有来往，刚好中古时代发生了一件大事，促成了西欧的迅速蜕变。

其时，伊斯兰文明刚在中东崛起，百年之内席卷地中海东南两岸，并向北经过伊比利亚半岛，进军西欧大陆。公元732年，撒拉辛（Saracens）大将迦菲齐（Al Ghafiqi）率一万五千大军，越过比利牛斯山（Pyrenees Mountain）进入法兰克王国。法兰克的奥多大公无法抵挡，眼看西欧亦将沦为伊斯兰教领土。其时，法兰克一位守卫王宫的将军查理（Charles the Bastard）奋起纠合了一万人，西向援助奥多大公。两军在图尔（Tours）对阵。由于查理指挥有方，法军部队利用地势，方阵严谨，最后以骑兵突袭，一举击溃伊斯兰教军队。此役是为“图尔士之役（亦称普瓦提埃战役）”，对西欧极为重要。因为从此以后，伊斯兰教军队再也未能深入西欧，同时西欧也开始产生一种休戚与共的观念。而查理本人，更因此赢得“铁锤”（Martel）的美名，在法国举足轻重。后来，其子丕平（Pepin the Short）乃能借援助罗马抵御条顿人，建立功劳，被罗马教皇加冕为法兰克王（Pepin Ⅲ，丕平三世），从此开始王权与教权的密切合作，构成西欧一个强固的控制力量。丕平之子英武有为、东征西讨，建立了几乎统一西欧的大帝国，在公元800年由教皇尊为“神圣罗马帝国”，其本人亦被尊为“查理曼大帝”（Charlemagne，Charles the Great）。此人是西欧历史上罕见的伟大帝王，可与唐太宗齐名。

查理曼大帝除武功外，文治亦甚可观。他教化人民，尊重学术，力求恢复古罗马的文化；在内政方面，他修桥铺路，建筑城堡，同时分封有功将士，以其封建制度来维持军力，保护地方；但最重要的乃是建立学校及在其首都亚琛（Aachen）建立大教堂及图书馆，以培植教士及老师，中古“黑暗时代”乃能逐渐回复文明。

对本书的重点而言，查理曼大帝的重要贡献是确立了君权与教权的合作共生关系。君权能经由其对封建部属的层层节制，控制军事力量，同时又通过教会结构内的层层节制，控制平民的教化与管理。[1]

由于这两大系统在每一阶段都有相对协调对等的接触点：皇帝—教皇、国王—大主教、公侯—主教、骑士—教士，两大支系统间在各阶层均有横向沟通，因此军民事务可以互相配合，相辅相成。

---

1 在封建时代，西方教士兼负“教民”与“牧民”之责，与中国士人集团的角色颇为相似。

至于国家生产主力的人民，在6世纪至8世纪的欧洲，刚好也有生产方式上的重大革新。首先是从6世纪开始，农民逐渐由木犁改用铁犁，并以兽力代替人力——这两大改进，使农民可以深耕翻土，使地力可以得到有效被利用。在7世纪至8世纪，农民发现在种植麦黍等农作物外，可加种豆科作物：原先光种麦类只能两年轮种，加种豆类后，则可三年轮种两熟，不但生产力大增，人民的营养状况也大为改善。生产力增加后，农民不必全体终年地绑在农地上，可以有人从事手工业及经商贸易，社会财富乃能累积，人民可以生活安定，并因此奠定了以后工商社会及文艺复兴的基础。不过，这两大改进并非一蹴而就，新知识与新技术的扩散，要经几百年才能扩及全西欧。

在社会行为准则与人民教化方面，除教会的教化以外，尚有法律的制定以及民间代代相传的道德要求。在法律方面，西欧自9世纪以后，社会已逐渐安定，学者开始把罗马帝国遗下的法典重新收集整理，以求施用于当世。在12世纪，西欧大陆各国相继采用，这就是今日的大陆法系；英国则采用盎格鲁—撒克逊（Anglo-Saxon）的民间陪审制，这就是今日的英美法系。至于民间的道德要求，本来就是每个社会从先民时代，代代口耳相传的一套准则。如果一个社会有长期的文化记忆，这些准则就根深蒂固，深植民心。在中国，这就是要求子孙恪遵孝悌忠信的美德，以求社会的和谐；在西欧，这些国家本来都是北方流动的部落，所以尊重武德、讲究侠义。同时，男人经常出征，后方事务由女人照料，所以女人颇受尊重（这种情形与蒙古族颇为相似）；而且女儿也可继承财产，因此历史上有颇多的女王、女伯爵等。

即使如今，北欧国家承其古代维京（Vikings）文化，女人仍有很大的自主权，所以后来“尊重女性”也成为骑士（扩而为所有男人）的必要精神。这种文化记忆在西欧就以骑士侠义故事的方式流传了下来，在十二三世纪，由吟游诗人们在宫廷及民间广为传播，后世更为人写成小说、诗歌、戏剧。例如，阿瑟王的圆桌武士、“狮心王”理查德、罗宾汉等故事，强调骑士精神，崇尚行侠仗义、扶弱除恶、尊重女性，故事中的英雄、美人更易打动人心。于是，本来只是口耳相传的行为准则，因文字的传播，流传得更长久与广泛，即使不识字的农民也听过这些故事。此外，各国的童话，很多都是祖孙在摇篮边口耳相传，是民间分辨是非善恶的家庭教育。在西欧，如德国黑松林里古老的民间童话，小孩在睡前听祖母、母亲讲述，成年后则成为他们的行为准则。后来，格林兄弟搜集改写了这些故事，成为流传很广的《格林童话》。

以上是西欧由野蛮民族四处流徙的“黑暗时代”，逐渐蜕化成为西欧民族国家的大致过程。我们的重点，在回溯其发展君权、武力、教权、治国、教化民众等各支系统的过程。下面我们将回顾与讨论西欧在历史上各支系统互动的一些例子。

西欧在 7 世纪至 8 世纪时，君权的武力与教权知识相结合，国家才开始成型。教权辅助君权，固然甚有功劳，但教会却也因此累积了相当可观的财富。虽然教会辅助君王治国，但教会本身的事务却自有其教法约束，不受国法的限制，在此情形下，君王难免不安。果然，英国在亨利二世时（公元1170年）发生了坎特伯雷大主教托马斯·贝克特（Thomas Becket，Archbishop of Canterbury）被杀的事故。虽然贝克特是亨利二世的好友，但是在神职人员是否应受俗世法律管制的争议中，贝克特却坚持不让。亨利二世在盛怒之下，随口冒出："谁能把这个家伙干掉？"他手下的四个骑士为讨好国王，就立即赶到教堂，将贝克特在神坛前杀死。此事在当时是极为冒犯神灵的大事，人民立即把贝克特奉为圣徒，亨利二世亦不得不亲自到贝克特墓前忏悔，并同意神职人员可不受皇家法庭审判。不过，由于各国建国以后，西欧社会逐渐稳定，加之农业技术的改进及商业的兴起，国家系统中生产支系统的逐渐兴旺，社会知识分子增多，思想日趋自由，城市的工商人士渐渐赢得了发言权，法治日见重要，罗马教会的影响力乃日见低落，终于导致宗教革命。宗教革命后，君王与教会之争更加尖锐化，世俗的君王乃能公开背弃罗马教廷。西欧的民族国家系统中，封建贵族是君王的武力后盾，君王的统治要靠贵族以军事支系统来维持，两者之间如有矛盾，君王就很为难，各支系统间关系的消长及调整终于在英国发生——这一前所未见的变革，对后世国家系统的结构造成非常深远的影响。

此事发生在亨利二世的儿子约翰王（King John）的时代。亨利二世过世后，由其子“狮心王”理查德（Richard the Lion Heart）继位。理查德勇武有为，参加十字军东征，成为传奇人物，深受人民的爱戴。他虽在位十年，但大部分时间忙于征伐，在国内只执政了一年，所以国内政务由其弟约翰代摄，理查德死后，由其继任。但约翰为人多疑多变，残暴不仁，而且横征暴敛，与其兄相形之下，为人民所不齿，又因征“盾牌税”激怒了贵族。于是在大主教的串联之下，贵族提出维护自身权益的六十条要求，并出动两千名骑士逼宫。约翰王在众怒威胁之下，只能在这些要求上签字（公元1215年1月15日），同意国王不能任意征税，不能攫取人民的财产，不能任意抓人等，是为《大宪章》，并因此开始了议会政治。约翰王虽为暴君，却因此留名千古。[1]

由坎特伯雷大主教贝克特被杀以及《大宪章》的签订两个历史事件，可看出国家系统下的各支系统相互间的互动，会因各支系统间力量的消长，而必须因时调整。

《大宪章》的签订并未经流血冲突，主要是因双方的力量大致相等：君权不能压制臣下，而后者也不能推翻君主。事实上，约翰王后来联合教皇想要翻案，但因国王与教皇双双

1 后世史家对约翰王的评价有好有坏，数度反复，难有定论，唯其个性并不好似为定论；然而，因后世《艾凡赫》（*Ivanhoe*）、《罗宾汉》（*Robinhood*）等名著的影响，已在人民心目中刻定了约翰王之负面形象。

死亡，约翰的儿子又年幼懦弱，《大宪章》才能继续有效，并成为英国的常规。当时的英国由于君权与教权相持不下，城市居民得以成为平衡调停的第三方势力，英国也因此有幸能在此方三足鼎立的平衡中保持国家大致和谐的局面，平稳发展。反之，在同时期的西欧强国之一的法国，就因君权特强，贵族为其完全控制，与其合作。法国君权独霸的局面一直维持到 18 世纪，人民实在被压迫过甚，乃爆发流血的大革命，将君王与贵族一扫而尽。国家动荡数十年，才建立了民主政治。由此可见，一个失去平衡的系统常会全面崩溃，要经历漫长痛苦的重建过程。如此反不如英国那样在小幅度的失衡时，及时加以调整，乃能保持长治久安。

此种情形，与地壳内部岩层推挤，造成应力失衡颇为相似：如果岩层有小幅度推挤，应力只是小有失衡时发生的地震，其所造成的伤害并不大；而且，由于经常有小幅度的调整，也就可以避免大地震；反之，如内部岩层虽有推挤，应力也已失衡，但因其分布情形尚能勉强支持，一直到应力失衡累积到极度，才会一下完全崩溃，就会造成强力地震，受灾甚大。这种情形，我们也常可在儿童堆积木时看见。一个小孩如在发现他所搭的房子摇摇欲坠时，能及时调整，甚至重新再起，就可搭成一个像样的房子。有些小孩不能或不愿及早做根本的调整，而一味勉强地左修右补，结果一个东倒西歪的积木房子，即使能勉强地堆成，也会突然倾倒，前功尽弃。治国者如能以此为鉴，在各支系统有失衡现象时及时加以调整，则长痛不如短痛，方能保持国家的长治久安。

综观欧洲文明的发展，我们可以看出其关键在罗马教会与日耳曼领主能够互相利用，发展出一个互惠共生的关系，乃能将欧洲由“黑暗时代”带入文明世界。另一个重要教训乃是英国由君权教权之矛盾，能发展出一个三权平衡的制度，对后世颇有启迪。

伊斯兰文明

伊斯兰教，自穆罕默德在公元610年创教以后，迅速扩张成横跨欧亚的宗教。而且在1500年内，虽然时兴时衰，却常成为世界纷争的中心，很值得讨论。此外，由于穆氏在创教后南征北讨，开创了一个大帝国，集教权君权于一身，因此造成其继承者对教权、君权何者为主的争执，余波荡漾，值得我们注意。

穆罕默德于公元570年生于阿拉伯半岛的麦加，幼为孤儿，25岁时成为牧羊人及骆驼夫。且有幸被驼队女主人赏识，得与这位较其年长15岁的女主人结婚，从此有余暇常去麦加附近的山洞中思考人生与神的关系。据称，他在公元610年开始在洞中看见神迹，告知他应敬拜真主“安拉”（Allah）。其后穆氏屡受神的启示，他把这些“写在心上”的神谕记录下来，这就是传世至今的《古兰经》（旧译《可兰经》）。经中涵盖人类历史、人神关系、先知[1]的预言和明确规定的生活与道德准则。最主要的是天地间只有一位真主——安拉，

---

1 先知包括亚伯拉罕、摩西、耶稣及最后一位一穆氏本人。

伊斯兰信徒必须独尊及敬奉这位开创天地的安拉，伊斯兰（Islam）的意思就是“完全信从”。

16世纪时，中东的两大强权，东罗马帝国和波斯，互相攻伐，两败俱伤。整个地区局势混乱，各部落各自为政、互不统属，其中阿拉伯半岛上以游牧为生的贝都因族最为强悍尚武，除以牧羊及驼队为生外，还常劫掠由东方路过的驼队，有时甚至发起突袭，劫掠他人的牲畜、子女，以壮大自己的力量。后来，贝都因人纷纷皈依伊斯兰教，成为穆氏集团的基本核心，得以日益发展。

穆氏处此乱世，其所提出的教义有相当的纪律，又对遵从教义者有死后进天堂的远景。伊斯兰教基本上是与犹太教、基督教一脉相传（犹太人和阿拉伯人本来就都是亚伯拉罕的子孙），与当地原有的拜物信仰相较，对人民而言有相当的诱惑力。同时，在当地原有的信仰中，人民对麦加附近的一块大石特别崇拜，认为其是大神的居处。穆氏也宣称该地为伊西梅尔与其父亚伯拉罕为上帝所造的居处，如此则穆氏的教义就与阿拉伯人始祖接轨，使人民更易接受。[1]

1　以上论述，并非对伊斯兰教教义有所不敬，只是指出宗教为了易于让人民所接受，常常在开始时依附或借助当地的原有信仰，然后慢慢地转变并取代成为正统。中世纪时，罗马帝国衰亡，罗马教会也是采取了同样的策略，才打入各日耳曼民族的小王国，由依附而生根。此点已讨论过。佛教进入中国后，更是大量依附于中国原有的拜物与拜祖的信仰，现在中国人已将佛、道及拜物信仰完全混合。（转下页）

穆氏创教后，在麦加逐渐集合徒众，但因他的教义强调为人须慷慨助人，令当地大户怀疑有煽动穷人之嫌，将其排挤出麦加，穆氏只得率领徒众移到麦地那去。在麦城，他的门徒渐增，可以有力量劫掠过往的驼队，在增长到近千人后，就开始攻打城市。他首先把麦加征服，其后又由近至远，逐渐征服更多的城市及疆域。由于伊斯兰军队不扰民，仅要市民纳税，对犹太人及基督徒也不压迫，只多收点人头税，但鼓励人民皈依伊斯兰教，教徒可分享财富。由于以上诱因，穆氏的军队与疆域迅速扩大，在公元632年穆氏去世时，离他创教不到二十年，穆罕默德已统兵三万，并占有西至利比亚，东至波斯，南到也门，北到亚美尼亚的广阔区域，成为一个强大的国家。平心而论，伊斯兰教的迅速扩张，除其教义能吸引平民外，也刚好赶在中东当时的权力真空，得以乘虚而入。

穆氏自创教到后来的开疆辟土，始终是一人领导教、军、政三个支系统，所以各系统间并无孰高孰低的问题；但穆氏去世后，教权是否高于政权，就成为很大的争议。一方面，在穆罕默德创教阶段，身边有一群信众，其中有一些还是穆氏的亲戚，这批人自认为比较了解穆氏教义的真谛，可以据

（接上页）其实从系统的观念而言，这种依附取代的模式在自然界有很多例子：如本书所谈过的葛藤的附生蔓延，冬虫夏草是由草菌进入虫体而取代，以及细胞核的形成，都是依附取代现象。另参：http://en.wikipedia.org/wiki/Masjid_al-Haram。

以对教义做正确的诠释，并据以做正确的决策；另一方面，在外领军征伐的军政大员，既有实权，而且在面对问题时必须务实应付，因此与穆氏内圈人物之间就会有意见冲突。再者，穆氏身边的人，大多与穆氏一样，出身民间；而后来皈依的首领，很多来自城市，其中不乏城中的大家世族，凭其教育见识，都易于出人头地。所以，这两群人不免渐渐分为两派：内圈人物，可称为教义派，而在外的军政大员则为务实派。穆氏死后，由其岳父阿布·伯克尔（Abu Bakr）继任为“哈里发”（Caliph，即教主继承人，中文有时译为“开立夫”），但他只就任两年就去世了（公元 634 年）。第二任哈里发乌玛尔一世（Umar I）就是很务实的政治家，他对征服的地区采取怀柔政策，不太干涉其生活及信仰，只要缴纳税金，即可不受干扰；而税金收入用以犒赏军士，军队则不许扰民。由于伊斯兰军队兵强马壮，将士用命，所以他在短短十年之内，能以一万之旅征服叙利亚及大败波斯。公元 644 年，乌玛尔被刺身亡。第三任哈里发为奥斯曼·阿凡（Uthman Affan），是两派相持不下的妥协人选——他既是穆氏的女婿又出身世家。但此人除整理《古兰经》有功外，并无太大的建树，并在公元 656 年的兵变中被杀。第四任哈里发为阿里（Ali），此人与穆氏的关系极深（穆氏小时由阿里之父抚养长大），又与穆氏同度艰险，早就被视为穆氏传人，然屡屡被跳过，继位时已 55 岁，又夹在各大势力之间，应付为难。阿里上任不久即屡遭叛乱，最后被控制叙利亚与埃及的大军头、出身世家的穆阿维亚所击败，大失威望中于公元661年被叛军所杀。至此，两派正式决裂：穆罕默德内圈亲友经典派成为什叶派（Shiites），而以世家大族为主的务实派则成为逊尼派（Sunni）。穆阿维亚被选为第五任哈里发，他虽然有雄才大略，为伊斯兰教帝国大大扩张了疆域，树立了威望，但伊斯兰世界却从此严重分裂。目前，中东乱局虽然源于阿拉伯人与西方列强间的积怨，但伊斯兰教内部什叶与逊尼两派世仇导致的兄弟相残，也是原因之一。

回顾以上关于伊斯兰文明的兴衰，我们可以归纳出以下几点：

1. 伊斯兰教的兴起可归功于穆罕默德在创教时能看出人民的需求，同时又能依附于当地固有的信仰，乃能迅速扩张。

2. 在扩张过程中，穆氏能容纳基督教与犹太教徒，同时他能总揽军、政、教三个支系统，内部可以灵活互动。

3. 在穆氏死后，由于军、政、教三个支系统间的权责分划并无明确界定，更不能维持相互之间的平衡，于是造成什叶派（教）与逊尼派（政）的相争，导致帝国的分裂，并延祸子孙。由此可见，支系统间之和谐与协调非常重要，必须有明确的规划，而且要有与时推移的机制。不过，在中东起源的三大教，由于均独尊一神，所以排他性很强，颇难妥协，伊斯兰教两大派间的争执以及其对外的难以共处，都受其固执之累。

奥斯曼帝国的“新军”之兴衰

穆罕默德的伊斯兰教帝国7世纪因政教之争而衰败，在14世纪又有另一个伊斯兰教帝国在中东崛起，这就是起源于小亚细亚（今日土耳其）的奥斯曼王国。由于当时的东罗马帝国已经衰败，而奥斯曼王国又善于用兵，于是在公元1453年攻下君士坦丁堡后，成立了奥斯曼帝国。奥斯曼帝国控制欧亚贸易要道，因此在文化及财富两个领域都大有发展。

奥斯曼帝国有优秀的统御系统，在王室下面，有行政、军事及宗教三大支系统。宗教以伊斯兰教为主，但对异教徒也能宽容；行政也颇有效率；帝国能在地中海周围所向无敌，却应归功于其强大的海陆军，尤其是陆军拥有强悍善战的骑兵，以及精锐的“新军”（Janissaries，意指New Soldiers）。其骑兵有阿拉伯良马，机动性强，而且从蒙古人那里学了一套诱敌包抄的战术，从而屡战屡胜。“新军”是苏丹（国君）的御林军，兵源素质高，训练及装备均佳，屡立大功，后来却因骄而败。这是一个系统成长及衰败过程的很好案例，我们可在此加以探讨，同时也可顺便用此例来见证奥斯曼帝国因支系统权力失衡对其国家的影响。

“新军”是在公元1383年建立的，由苏丹派人在巴尔干半岛属地的基督教家庭中挑选健康聪明的十余岁男童，再加以严格教育和锻炼。他们先进入“新军”的训练学校，接受严格的体能、技能与学术教育，皈依伊斯兰教，再编入“新军”。在部队里，所有的成员都住宿在营内，不得结婚，所以同袍之间有如家人，有很强烈的团队精神，亦可维持良好的纪律及体能。他们平日的薪饷很高，领饷时，君王也领一份，以示君王同为“新军”的一员。他们装备精良，配有最先进的武器，又有专属的后勤支持，可以专心作战。会战时担任君王统率的中军护卫，亦是攻坚的主力，是国家的王牌劲旅，为奥斯曼帝国屡建战功。因为在立功后还可获得重赏，表现卓著者可在军队中逐步晋升，有人甚至在成为部队长后，更升级为方面大员，甚至成为国之重臣，所以“新军”成为人人羡慕的职业。本来，“新军”成员只从东南欧国家的基督教男童中征用，但如此美差，自有人钻营，于是有些伊斯兰教贵族子弟也混入其内。贵族子弟有特权，也就能偷懒，于是军队的训练、纪律与团队精神都渐渐低落，久而久之，“新军”的战斗力日衰。与此同时，他们以近卫身份却能加入政争，参与废立。君王因此被迫以加薪及扩大编制（由开始约万人，到最后多达十四万人）来笼络，结果造成国家的重大负担。到最后，国君不堪其扰，终于设计将“新军”消灭。

“新军”从建军（公元1383年）经辉煌到腐化，终至消灭（公元1828年），历时四百余年，徒然留下一个支系统生、老、病、死的殷鉴。与此同时，辉煌数百年的奥斯曼帝国也因各支系统的老化与失衡，日见衰微，终于在1918年覆亡，可见一个系统下的各支系统不能偏荣偏枯。其中，如果有一个支系统独占过多的资源，即使在其兴旺时能为系统作出巨大的贡献，但在其因骄傲而腐化、不能再有效运作时，不但其本身难以继续生存，更会影响整个系统的生存。

近代国家系统中工商支系统的过度膨胀

我们在前几节讨论华夏文明、西欧文明和伊斯兰文明国家的各支系统时，对生产支系统的注意偏重农业，而较少谈及工商部门。主要因我们所讨论的是三大文明的发展过程，而在早期发展时期，生产体系还在农业阶段。欧洲宗教革命以后，工商业逐渐发达，在国家的运作上，影响力也逐渐加大，久而久之，市民的力量在和君权、贵族相争时，逐渐有了举足轻重的影响。英国《大宪章》之能产生，就是因市民已有了相当的力量，才能明订了各方的权益，创了先例。工业革命以后，各种机器及生产线的发明、工业生产以及货品的营销，变成经济发展的主力。近代国家的国力强弱、国民生计，都取决于其工商支系统（或经济支系统）的强弱，工商支系统乃成为国家系统中最重要的一环。

工商支系统的荣枯既能影响一国的国计民生，也会直接影响国家的军备及外交实力，所以国策的制定必须考虑经济支系统的利益。以上本是冠冕堂皇的理由，但是自古以来，西方的政府在位者，除少数是大公无私的政治家外，大部分为注重私利的政客，而在民主制度下，这些政客为了选举或钻营禄位，都需要活动资金；而资本家则刚好愿意用金钱来买一些机会与特权，如此则双方“各尽所能，各取所需”，拿国家利益做交易。其导致的后果是下列几项：

1. 向人民或海外攫取资源，不惜引起战争。
2. 以国防为借口，扩充军备。
3. 以振兴经济为借口，乱采滥垦，破坏环境。

关于第一项，先例有日本由于自己土地狭窄、资源贫乏，乃处心积虑，图谋中国的土地、资源，挑起侵华战争，其幕后鼓动者实为三菱、三井等大财阀；美国在中东一再地引发战乱，基本上是为了石油；英国在全球开拓殖民地，乃是为了攫取或独霸各地资源及强化其海上霸权，以保大英帝国资源的安全运输。

关于第二项，明显的例子有世界列强的军备工业，一直以国际局势紧张为借口，不断鼓动军备竞争，扩充军备及发展新武器。

此种军火业鼓动战争，开始于19世纪，法国、德国、英国间的竞争，其后愈演愈烈。西欧“二战”之起，德、日、英、美等国军火商的鼓动亦为部分原因[1]。“二战”以后，美国

---

1 军火商人中，重要者包括制大炮的克虏伯、制枪的寇特和制火药的诺贝尔。

总动员，可说全国变成一个兵工厂，军火生产成为美国最重要的产业。军火企业以其财力、人脉及对整个经济的比重，尤其以国家存亡为威胁，于是美国的政治、外交、经济均深受军火企业与军方游说集团的影响。美国的艾森豪威尔总统，以其多年的军伍经验，深知军备竞争之弊。所以，他在1961年退休演说中特别警告国人，必须防止“军、企、政的三结合”。不幸的是，忠言逆耳，靠军备竞争得利者积重难返，始终大有人在，大家仍旧我行我素。

尤其是在美国与苏联展开“冷战”以后，新式武器，如飞机、战舰、潜艇、飞弹、核武，无一不是高科技，需要大预算、大团队、大工程，所费者大，而受惠者也多。因此，仗着“国家安全、人民生计”的大旗号，不论政客、人民、媒体、学者，支持者甚多，以至今日国防经费已是美国国家预算之最大项，使美国成为穷兵黩武的国家。同时，大企业占国家财富的比例越重，媒体就越为少数人所操纵，小民对国事就越无影响力，大大背离了美国的立国精神。

在美、苏“冷战”开始时，为美国制定“围堵”政策的乔治·凯南（George Frost Kennan）就警告过：“冷战”的军备竞争会使人食髓知味，即使哪一天能把苏联拖垮，军备竞争的军、政、企仍会“发明”出一个敌人来继续发展军备。如今不幸被其言中，因为国防费用已是国家支出最重要的一项，一旦减少，就会影响很多国民的生计，致使国会也不敢轻易地裁减军费。此种情形，可说是饮鸩止渴、骑虎难下，但最终将导致“美利坚帝国”的衰亡。

2011年选举，草根派得势，保守的国会为了减少财政赤字，要求减少国防经费，两党恶斗，国事无法推动，政府甚至在2013年一度关门，人民的生计也因而大受影响。奥巴马在其第二任总统任期内，就困于应付社会各族群的要求中，左支右绌。而且国外用兵太多、太久，引起国际及人民的不满，美国已日显败象，这都是因为内部“军、企、政的三结合”把持国政太久，已经动摇了国本。

关于第三项，例如各国为了开采煤矿，破坏了大片土地；为了发展工业或为了钻油井，导致海上大漏油，严重污染海域；在工业集中地带排放的废气废水，造成严重的空气及水污染；在农业地带，大量消耗河水，有些河流因此断流，比如美国西部的科罗拉多河，沿路失水，流入加州的“帝王谷”大农业区后，再到出海的索尔顿海槽（Salton Trough，即索尔顿海、墨西卡利至科罗拉多河三角洲一带）时，竟完全消失（图4–1）。

所以，为了提高国民生产总值、国民生活水平及国际地位，各国都或多或少地为照顾经济支系统的利益，却导致国家资源的损失与环境的严重破坏。更严重的是军备扩充，为了军火工业的发展及军方的好大喜功，不惜鼓动国际纷争、出兵世界各处，牺牲子弟、劳民伤财，实在损人损己。凡此种种都是由于经济支系统的尾大不掉，害及了大系统。历史上大帝国因用兵过度而亡者比比皆是，希特勒、秦始皇均是

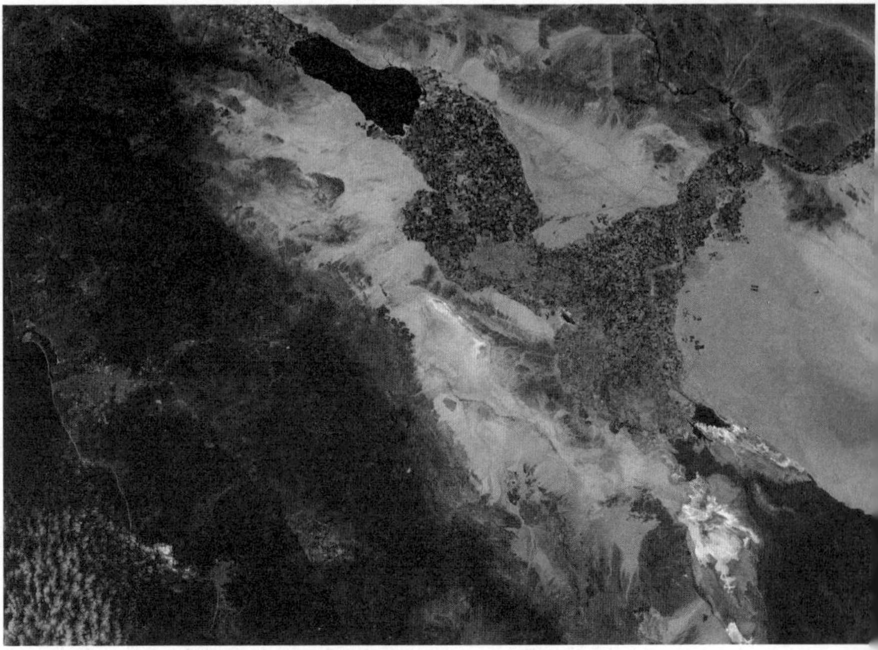

图中右上角还可以看见细细的河流，到中间就不见了。

图 4–1　科罗拉多河入海口的情形（来源：美国太空署）

前车之鉴。总之，国家大系统下有几个支系统，这些支系统各有所司，能互相配合则兴，如有偏荣偏枯的情形，必有不平及骄纵的情形，如不及时调整，早晚会导致对大系统的伤害。

结论

我们在本章回顾了东西各重要文明或大国兴衰，由这些历史，我们可以吸取如下教训：

一、系统的首脑是否称职，非常重要

一个国家、文明或宗教，在开创时都有英明的首脑，但后来却因首脑失职而衰亡；一个系统是否能运作平顺，主要靠首脑有效地调和各下属的功能，以求能相互配合。首脑必须了解大局，同时能见微知著，所以首脑本人最好是经验丰富、贤能有为（明君），退而求其次，也要身边有贤能者辅助（贤相）。如果首脑本人没有足够的经验智能（世袭或侥幸当选），而又辅佐失人（后妃、外戚、宦官、利益团体代表），则国家必败。以上教训，在中西古今屡见不鲜。即使今日之美国，总统虽由人民公选，但在金钱的操纵下，凭民粹主义当选的总统及其辅佐，也常常滥权误事。

二、支系统中一支独大

一个国家如因外患内乱，导致武人独大，最易造成混乱。此事在中国及罗马等西方国家，常常造成国家衰亡。近来，一些国家由于军备费用浩大，不但对国库是极大的负担，而且军火商与官僚及国会联手谋利，有意挑动国际事件，其危害比之简单的军阀武夫更是既深且巨，所有军事大国都应谨慎防范。

三、国家生产力的衰退

一个国家的生产力，是国家生存所寄。但是如有天灾（瘟疫、灾荒）、人祸（战争、内乱），国家生产力必降。另外，如果人力不能善为利用，也会造成问题。例如罗马，由于公民必须当兵，而解甲后却又无法归田（田地已被豪门归并），于是造成大量游民，非但减少生产，还成为国家的负担，对国家社会为害很大。中国古代历史中常有官逼民反之事，造成流寇。

另外，在现代社会，工商业比农业更影响社会福祉，一旦经济不景气，社会就会动荡。所以，在上者必须时时警觉，谨慎调和各支系统间之运作。

同时，现代社会的生产要靠高科技，而社会变迁既大又快，人民要能保持生产力，必须受相当程度的教育才行。

四、资源与环境的调适运用

现代社会深受资源与环境的影响，大家必须善用能源、保护环境。可惜社会上有些人士对各种能源的取舍一知半解、哗众取宠，对社会生存为害很大，同时对环保问题也是或过或不及。这些都应归咎于国民教育不够。在美国如此，中国台湾则更糟：少数政客与媒体缺乏科技常识，既缺乏判断力，又习于断章取义，甚至哗众取宠，其结果是大家对环境与资源不能做冷静合理的思考，到头来必将遗患无穷。

一个动态系统必须对外开放，以与其他系统或环境交换资源，这些资源包括能源、物质、动能、人力、资金……

第五章

系统间的互动、交流与文明冲突

交换传送的机制

一个动态系统必须对外开放，以与其他系统或环境交换资源，这些资源包括能源、物质、动能、人力、资金等，而以上各项的交换传送，必须经由一些输送程序来达成。在一般工程设施中，我们称这些涉及热能、动量与质量等交换机制的输送程序为“输送现象”；而我们可以把这些“能量”视为系统用以运作所必需的“资本”——在一个分子中是自由能，在一个热交换系统中是热能，在一个工厂中是生产所需的热能或机械能。

在我们的日常生活中，室内的冷气空调设备是一个很好的例子。我们把冷气机中的冷媒压缩变冷，在压缩过程中所产生的热由风扇发散到室外的空气中，冷媒再经冷媒管输送到地下室的大风箱中，把箱中的空气冷却，冷空气又被分送到每个房间。在每个房间内，冷空气把房间变冷，同时自己变热，这热空气又被大风箱抽回，再度冷却。如此周而复始，完成其各支系统交换热量的功能。

“输送现象”所包含的项目有辐射、扩散传导、对流以及“大流动”，而物质或能量传送必须穿过两系统间的交界面，传送也必须有一个驱动力。所以，我们将在此章就传送的界面驱动力以及传送程序分别加以描述，再各举例加以探讨。

一、系统的界面

系统与系统之间必会存有界面，这界面最明显的当然是物理界面，例如水与陆的界面、液体与气体的界面、国与国之间的界面、工厂的范围、树林的边缘，等等。但也有些是不太明显的界面，如族群间的界面、两个文化的界面、阶级间的界面、行业间的界面等。

界面又可分一级界面（First-order Interface），或可叫陡峭界面，以及二级界面（Second-order Interface），或可称为和缓界面。在一级界面，两边的两个系统泾渭分明，并无缓冲，如水/陆、液/气之界面，以及两个族群首次相遇都属于此类。一级界面有时有一个藩篱或外壳，隔绝双方的交往，若无此隔绝体则双方一旦有交流，其交流会很剧烈，甚至是冲突。例如，一块冰糖掉入水中，产生固体与液体的界面；一片树林与农田相邻，有一个林与田的交界线；以海岸为例，如果在海边只有削直的岩壁，则岩壁就是一级界面。

在二级界面，双方某些特征或资源的差异比较和缓，在两者交界时并不是一个差异分明的分界面，而是有一个缓冲区，在缓冲区两个系统的特征或资源差异程度有一个和缓渐进的改变。通常，当两系统最初相遇时，其界面为一级界面，落差甚巨，但一经互相交流，渐渐就在界面处造成一个渐进的缓冲区。由于在一级界面最初的缓冲宽度极小，所以一级界面的梯度很大，也因此有很剧烈的反应，但其后由于双方的成员或特征互相交流，这才造成了缓冲区。

上一段所谈海陆交界处若为海滩，就是缓冲区。缓冲区包含两个系统的一部分特色，而缓冲区通常随时间而扩大，如海边岩岸慢慢地被海浪侵蚀，海滩坡度变缓，最后也可能达成一个平衡状态。所以，缓冲区的梯度亦逐渐减小，最后即使没有完全混合，也会达到一个平衡梯度：靠近甲区的，其成分很接近甲区；而靠近乙区的，其成分很接近乙区，两者之间有逐渐和缓的改变。在美国的大城市，其城中心为商业区，周边为乡区，在两者之间的城郊住宅区即是一例；而且，靠商业区近的住宅区，房子与人口的密度很大，越往乡间，密度越低，这就是缓冲区。住宅区随时间而扩大，慢慢又形成几近于城市的新小区；树林与农田的交界区，如农民不勤加清除，也会有一条短矮的杂树林衍生出来；在河流出海的海口，有一段海水、淡水相混的咸水区，这也是一种缓冲区。

“梯度”一词，源自阶梯观念，也就是高低两区间上下阶梯的陡斜度，或坡度，这是高度除以距离得到的，而咸水区的梯度则为盐分浓度除以距离。在物理系统，梯度的定义可以很清楚；而在社会系统，就只能有一个大概的观念。

二、辐射

辐射是指一个物体将其热能、光及其他电磁波向各方放射，而由另一个物体接收的现象。例如，太阳放出热与电磁波为地球所接收；又如，我们的各种电信设备一直在互相收发电磁波。我们平常吃的烤鸭，也是用“明炉”把热能放射到鸭身上烤好的。但是，当我们讨论系统间的互动时，辐射方面的应用比较少。

三、扩散、梯度和驱动力

在一个介质中，所含的分子会自行移动。如无外力的影响，每一步移动通常并无一定的方向，移动的距离虽不一定，但多少有一大致的范围（工程上称为平均自由径，mean free path），而到最后分子会均匀地分散在整个介质中，这种现象称为“扩散”。就像一团人群，如放在广场中，随个人自由活动，每人都可以向任何方向移动：就东南西北四个方向而言，其中回归人群的只有一个方向，向外走的却有四个方向，于是人群就会渐渐地扩散。所以，扩散基本上是由密到稀。如果这个饱含某一分子的系统与一个没有此种分子的系统接触，只要两个系统间并无任何障碍，这些分子就会扩散到这个新的系统中去。基本上在刚接触时，分子扩散的速度最快，其后两边浓度的差距逐渐减小，扩散就慢下来了。其基本原因是扩散所涉及的是两个系统间并无相对流动（或相对流动很慢），其中接受扩散的系统，在交接处就逐渐累积起这些外来者，两者间的差距减小，交换的效率也就缓慢下来。若要加强交换的效率，我们必须经常保持“接收者”在新鲜状况。如果我们能持续更新“接收者”，让其保持在流动状态，我们就可以维持高效率的输送，以免迟滞扩散效率。

前面所说的差距即为“梯度”，由于有梯度的存在，系统之间才有驱动力，以达成传送。因为不同的特质或资源强度会造成不同的梯度，所以两系统之间会有很多不同种类的强度差异，其梯度也不相同。物理世界中的例子如水由高处向下流，其驱动力为“位差”所造成的位势梯度（potential gradient）；电流则因电位差而流动；一个分子则由自由能（free energy）高的状态流向自由能低的状态；气体和液体则因压力的梯度而流动。又如化学作用，一酸一碱相遇，一边有很多带正电的 H^+ 离子，另一边有很多带负电的 OH^- 离子，于是 H^+ 的梯度为由酸方倾向碱方，而 OH^- 的梯度则是由碱方倾向酸方。

在社会现象中，财富亦由高处往低流[1]。例如，两个国家，

---

1 剥削贫民是不正常现象，似乎是财富在由低处往高处流，但实际上权贵剥削贫民要靠武力，而军队的维持也要用财富，这一部分仍是财富由高处向下流。

甲国比乙国富有，则在财富强度上，有一个甲高乙低的梯度。美国与墨西哥交界，两国的贫富差距很大，就业机会的梯度很大，于是就有墨西哥人民偷渡入美国，造成大量的人口流动。若乙国的文化比较有长远的根基，而甲国则为文化根基很浅的暴发户，于是两国间存有一个乙高甲低的文化梯度。另外，树林则是由中心向边缘扩张，货物更是“贸迁有无”，亦即“有”流向“无”。

在物理世界，传送率大致与梯度（驱动力）成正比，所以通常可用下列式子表示：

$$\text{传送率} = \text{传送系数} \times \text{梯度}$$

这种以梯度作为驱动力的现象，其基本机制是靠很多系统的成员在梯度区互相做短距离的传送。我们可以想象甲方成员带“货物”到乙区，而乙方也带“货物”到甲区——那么，传送率则为各成员所带“货物”的每日或每年之进出净值。这些成员运动的方向并不是每一个都向梯度下降的方向流动，其所带“货物”亦不完全相同，而且所行距离亦很短，常需经过多次转送。所以，宏观所得的传送率，实在是所有微观转送的几何总数。这情形有点像在两国边界，双方的人民中有很多人在“跑单帮”，带了货物到邻国去。例如，甲国人民把其国内的皮货卖到乙国，而乙国人民则把其国内生产的粮食卖到甲国，双方的来往很多。虽然由于各商人手里的存货不同，在短时期及局部地区，皮货与农产品并不一定是单向流动，但在总量而言，货物流动基本上是皮货由甲国流入乙国，而粮食则由乙国流入甲国。又如，在海滩上，海浪一波波地打上沙滩，把大海中的浮游生物冲上沙滩，又一波波地退去，留下这些浮游物，却又带走了一些泥沙及埋在沙中的小动物或其卵，如此，就完成了海陆两系统的物资交换。

四、对流

除了上述的扩散现象，物理世界还有一种更为快速的传送方式——对流（convection），其又分为自然对流（natural convection）和强制对流（forced convection）。

自然对流是因密度不同，在地心引力的作用下，轻者上升、重者下沉。最好的例子就是房中的暖气。当房子中有一个火炉，火炉的热气向上升到屋顶下，而其原有的冷气却因此下沉。如此热上冷下，就形成了一个对流系统，把室中的气温调和。同样地，就海水而言，含盐量淡的上升、浓的下沉，亦造成海水的循环；在大气中，水汽蒸发后急剧上升，造成台风、龙卷风，可谓自然对流的极致。

在工程系统中，不能全靠自然对流，于是会以泵、风扇等施加外力，让流体能更快地拉平彼此间的差异，这就称为强制对流。汽车引擎的冷却系统就是一例，让流体经常更新，就能把传过来的热能加速带走。

然而，流体带走物质、能量等“货物”的效率高低，还得看流体的“搅拌效力”有多大，这牵涉流体是层流（laminar flow）或是紊流（turbulent flow）。如果流体的流量低、黏度高，流体便较为平顺；若流量高、黏度低，流体就会比较混乱，其中会有很多“旋涡”，而旋涡就是很好的输送工具。

在一个旋涡中，所有分子一致以旋转的方式共同流动，故可以说一个旋涡中的分子群已经成为同进同退的共同体（台风就是一例）。当然，有时大旋涡会分裂成小旋涡或小旋涡会被大旋涡所吞并，但在一个旋涡中的分子，已不是自由行动，而是随着旋涡或行或止。这些旋涡有时会由中流移动到具有梯度的靠近管壁的区域，与在该区的流速较缓的分子相交流，取得这些零星分子所带的“货物”，在滞留一阵后又移回中流。这些旋涡流流停停，即将管壁处的“货物”带到中流，由此流传到下游去或流传到管外之处。若该处的货物与旋涡所载的有强弱多少之分，则在此又经过一番转送。其净纯结果是经由这些旋涡，一个系统的（货物）可以传到流动的大流中，再转而传到另一系统。对流现象与扩散现象的不同处有下列两点：

1. 旋涡所包含的是共同运动的分子，而扩散现象则是分子各自为政。

2. 旋涡所传送的距离是远距离，超过含有梯度的缓冲区，而扩散则在梯度区内进行。

我们可运用火车站疏散旅客作为比喻：如果火车的旅客源源而来，但出站后各人必须自己处理，这些旅客在广场上乱钻，广场上的人一定很拥挤（扩散）；但如果有警察指挥，把人群往空旷的方向疏散，情形就好一点（自然对流）；如果有小车把客人陆续带走，人群就疏散得又快一点（层流式的强制对流）；如果我们有大巴，一辆辆川流不息，大批大批地把客人运走，那大广场就不会累积人潮（紊流式的强制对流）。

五、大流动

除了以上几种方式，还有一种与输送工程关系较低，却对系统间的交流有重要关系的“大流动”，即是指系统中的一部分成员进行大量的集体移动，可以说是那些成员的集体旅行，有些有目的地，有些则是无目的地的“漫游”。大流动与对流最大的不同点在于，大流动的基本任务并非与路径上的系统互相交流，其基本任务便是流动本身。虽然它们可能在沿途中与其他系统交流，甚至相混合，但这些交流并非其原始目的。以下举出些许例子：

1. 物理方面：例如热水加热器中的水，将热能移送到浴室的热水龙头；又如黄河将上游的泥沙带到中原地带，或者水泵将动量高的水经由水管射出，成为水枪。

2. 生物方面：蝗虫过境，到处为灾，虽然实在并非其本意，但是其生殖力特强，生得多，也吃得多，以致沿途危害路过的各系统。

3. 经济方面：中西贸易的“丝绸之路”，不论是经过河西走廊的“陆上丝绸之路”，或经过印度洋的“海上丝绸之路”，都由那些船队或驼队如巨流般不断地输送，以促成东西世界大量的货物知识与技术的交流。

总之，虽然大流动与对流的基本动机颇不相同，但是大流动沿途中可能有意无意地进行了对流。

输送现象的例子：文化传播、民族迁徙

我们已讨论过物理系统中的一些输送现象，现在再就物理世界以外的各种系统找些输送现象的例子，加以探讨。

一、生物系统

我们可以农业生产以及树林、瘟疫为例。首先，就农业而言，中国的生产体系，可大致分为塞北的游牧区、北方的旱田区以及南方的水田区。游牧区与北方的旱田区，大致以长城为界，水旱农作则以秦岭—淮河为界。因为北方游牧民族地处苦寒，常常南下“牧马”，入侵中原，所以中国古代中原王朝的外患多半来自北方。中原王朝为防御也不得不重兵防守，为了军民所需之粮食乃有屯田之举，“以农代牧”——随着农耕技术及作物的改善，旱田农作区渐渐向北扩散。现在长城以外已有很多耕地，即使牧区也常有农牧并存之处，这是一种农业生产系统的扩散，其驱动力则是农田的生产力高于牧业。

其次，小麦在南北两区的扩散。本来北方以粟为主，而南方以稻为主，麦并非主产品。但是不论南北，农作物秋收以后，为了青黄不接之时可以“续绝继乏”，在唐宋之间乃有冬麦的发展，可以在秋冬再收一季，于是唐时小麦在北方大兴。唐初租庸调制度规定应收的粮食为粟（即所谓“纳粟”），但到中唐行“两税法”，夏秋两税中，夏税已改为收麦。而北宋末年宋室南迁，北人迁南，将北方饮食习惯带到南方，小麦也大行，一则可以供人民需要，二则可与水稻合并为一年两熟。因此，小麦种植就在南北两区分别扩散成功，成为主粮。以上是中国本土作物的扩散。

此外，中国的很多农产品种都来自海外，比如甘薯原产于美洲，在16世纪（明朝）由吕宋传入福建，及由越南传入广东——如此传入过程是由华侨远道冒险带回来的，可说是“对流”方式的传送，其驱动力为甘薯的高产易种、耐旱耐虫等特性，而华侨即相当于“旋涡”的输送者。甘薯输入福建时，正值福建饥荒，成了救灾粮食，活人无数，因此很快扩散到全国，不论南北都种甘薯；中国台湾在“二战”期间，人民也很依赖甘薯。另外，马铃薯也是明代由国外传入台湾再传到福建等地的，这也是扩散方式的传送。

在发现新大陆以后，人们才知道新大陆的很多种农作物旧大陆没有。于是，葡萄牙的航海家将这些品种带回旧大陆，以后即大量扩散到全球各处。上述的甘薯即是一例，其他还包括玉米、花生、可可等。这些都是先经过“对流”方式的传送，再以“扩散”方式传播到旧大陆的农业体系之中。

再就树林而言，在树林的边缘本来是较缺水的土壤，因有树林而提升了水土保持的功用，将土壤中的含水量提高；而同时，树木的种子亦在树林周围散落，土壤中有水分且有种子，于是新生树木得以生长，树林的范围得以扩大，这也是一种“扩散”方式的传送。

瘟疫的扩散是另一个例子。瘟疫是由于一种细菌或病毒进入人体后侵占人体细胞，若人体对此并无抵抗力就会死亡，而这些细菌则又通过人体散布各处（有时也可通过动物传播），传染到新的宿主身上，造成瘟疫。由于其散布必须近体接触，所以也是一种扩散式的传送，带菌者即相当于物理系统中的分子。在先民时代，每个小部落各自营生，部落之间并无密切接触。所以，一个部落得了瘟疫，这病就在一个小而隔离的区域散布，在所有人被感染甚至死亡后，这个部落就此消失，这个瘟疫也就不再扩散。但若在其扩散期间有若干人被感染而不死，则这些抗体可以传到第二代，病菌碰到具有抗体的第二代，致命性将大大减弱，几代相传，也就失去了其致命力。但是，一个小区域必须有相当大的人口基数，才能够有足够的人能撑过第一波的细菌攻势。据医学家估计，这个临界人口应约为五十万人。

这种情形一再发生，以前天花、百日咳、猩红热等都经历过这种致命的阶段，而若一个族群以前并无抵抗力，则不免尸横遍野，欧洲 17 世纪的黑死病即是如此。此外，西班牙之所以能征服阿兹特克（Aztec）及印加（Inca）两大印第安人的帝国，也是由于欧洲白人将欧洲的病菌带到了一无抵抗力的印第安人身上，这也是瘟疫以“扩散”方式传播的例子。同样的情形发生在澳洲。当白人在 18 世纪开始往澳洲移民时，与当地的原住民因对土地与资源的争取，彼此虽不免有冲突，但真正对原住民造成严重伤害的却是由白人带入的疾病。1789 年的天花使得澳洲南部（今日悉尼一带）的原住民人口减少了一半；1829—1830 年的瘟疫又使其人口减少了 40%—60%，原住民因此迅速失去其重要性，沦为一个无足轻重的少数民族。

一些瘟疫细菌能靠人体远距离传送，所以古时航海的水手以及陆上的商队就成了传播的带菌者。但是，若行程很长而船上或商队的人数不多，细菌很可能将这些旅行人口杀光，如此则细菌不能到达新地区；若是航行太慢，细菌也无从散播，因此细菌本身的存续期必须大于输送者的存续时间，而后者又必须长于旅途时间，这是这一类远距离对流方式传送的一种特定要件。不过像今日交通朝发夕至，则这个时机要件极易满足，因此现在疾病的散播已完全国际化了。这种时间因素的要件，不只适用于瘟疫，也适用于有快速反应率或分解率的化学品，以及辐射性同位素的传播。

二、经济系统

在两国边境，人民的“互市”就是很好的扩散式的交易。

在中国古代，塞上为胡汉杂处之地，这就是一个有梯度的缓冲区。在这个缓冲区，胡人将马匹卖给汉人，汉人将生活必需品卖给胡人，就是两种经济区商品做相对的扩散。即使今日，在我国东北与俄罗斯交界处，这类非正式的“互市”仍在进行。

而长途远距离的传送就古代而言就要靠旅行商队。古时“丝绸之路”就是东西文化以及经济的传播路线，这些商队就是传送者。同样，从罗马帝国以来，地中海周边就一直有大小船只来运送人员及货物。

三、知识系统

知识的传播，在今日的信息时代，当然是无远弗届，朝发夕至，其散播是全球性的。但一直到 20 世纪中叶，知识的传播主要还是靠师父弟子相传，尤其是做比较高深的研究，师承薪传仍非常重要。因此，各重要发现及发明也常发生在学术重镇或其所训练出来的门徒之中，这种情形就较适于我们的“扩散”模式。

欧洲文明起源于希腊，又经罗马帝国发扬光大，但自日耳曼民族大迁徙以后，罗马帝国衰亡，欧洲陷入所谓的“黑暗时代”达数百年之久（5 世纪至 10 世纪）。原来辉煌的希腊—罗马文明几乎完全失传，所幸在边远地区的爱尔兰有些僧院还保留了一些手抄文物，欧洲文明靠此鲁殿灵光才能存亡继绝，在文艺复兴以后重现光彩。这情形颇似一片树林，野火几已烧尽，但靠几丛残树，在劫后仍能重新播种、重建故林，而这种重建阶段，就是扩散传播。（见第一章）

在欧洲，文艺复兴以后，大学学府逐渐设立，由意大利的博洛尼亚大学（公元1088年）开始向法国、英国传播，其后又在欧洲中部、东部逐渐建立学府，到19世纪中叶已经斐然可观。笔者之前偶然看到一本《物理化学的世界》，其中将物理、化学的发展过程以及各大师的薪传过程，做了很详尽而又有趣的描述。笔者读后感觉到，这一学科的发展似与欧洲文化及国力的递嬗颇有关联，所以将各重要发现所发生的地区与时期综合整理成图5–1。

请注意，在16世纪，学术活动开始发生于意大利（文艺复兴发源地），其后，学术活动扩散到欧洲各国，依次为法国、英国、德国、中欧与东欧，最后扩散到美国。我们也可以看到，英国崛起是在第一次工业革命（蒸汽机），而美国崛起则是在第二次工业革命（电力）。

由图5–1，我们可以看出：从伽利略以来，科学重要发现的重心首先在意大利，其后依次为法国、英国、德国及欧洲其他国家，最后为美国。虽则各地区在同一时代均有重叠之处，但其重心之次第转移则甚清楚，而这个次序与欧洲强权的嬗递似相契合。因此，我们可以看出来：一则知识亦有扩散的模式，二则知识与国力也有相关性，至于其间之因果关

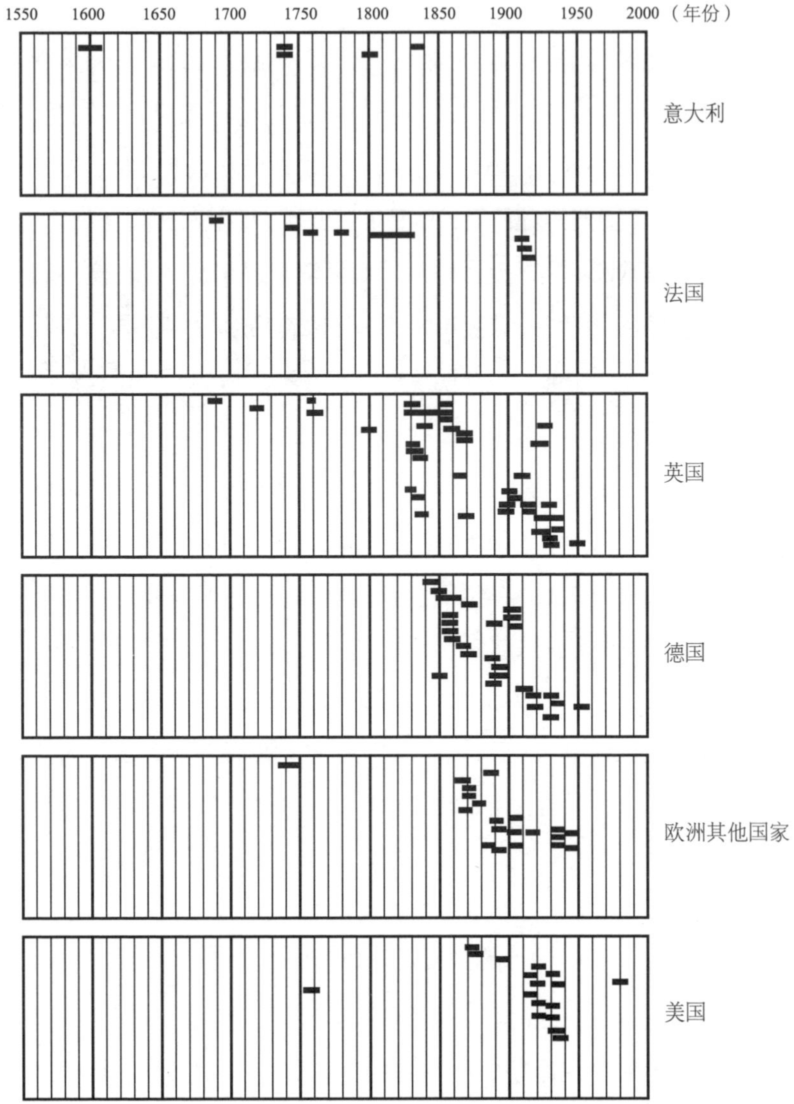

图 5-1　近四百年理论化学研究在欧洲各国间扩散情形［在图中，横杠代表一项重要研究成果于某年在某国发生，由作者将莱德尔（Laidler）书中学术发展次序汇整排列所得。］

系，则仍待以后探讨。

以上为知识扩散的例子，至于远距离传播则可以火药、火器技术的传播以及西方天文学之来华作为例子。

火药应用为武器，始于我国宋朝，虞允文大败金兵，即是用火药。其后，宋人用以抵抗蒙古，而蒙古则转而以火药攻打阿拉伯人，大马士革城即是被火炮攻陷的。阿拉伯人又转而用此法攻打欧洲，欧洲人吃过亏以后，又加以钻研，于是除火炮外又发展出火铳，即使火炮亦由抛射石块、铁丸发展为可爆炸的炮弹。火铳发展为火枪，其技术又由葡萄牙人传到中国及日本的种子岛。日本的德川家康在织田信长麾下时，即请种子岛的匠人打造了一万支火枪，成为德川家的主要攻击力。而在同一时期，倭寇入侵中国又把火枪再度传入中国（在此以前，中国已有火枪记录）。而不久，澳门的葡萄牙传教士也替明廷造了所谓“佛朗机红夷大炮”[1]，这是一个有记录、清清楚楚的远距离传播的过程。

另外，中国虽然自古就有天文学，但历法始终无法精准。明朝时，传教士利玛窦来华，才将西方的数学及天文学传到

1 “佛朗机”是明朝对葡萄牙等西方来人之泛称（包括阿拉伯人），于是西方来物，包括火器都叫“佛朗机”（佛朗机制），其中就有所谓的“佛朗机炮”（子母炮），但并不只限于此。公元 1612 年，徐光启引进制造大炮，也叫佛朗机大炮。后来所谓的“红夷大炮”也有人称其为“佛朗机红夷大炮”。中国人在元朝和明朝期间，自己也会制炮，所以如洋人所制，就叫“佛朗机大炮”。

中国。其后，经过几代耶稣会传教士的努力，终于赢得中国人对其数学及天文学方面知识的信服，于是明朝末年至清朝初期都用耶稣会传教士在钦天监服务。某次日食，西方历法在事先算出了日食时刻，而中国历法则不能，相较之余，西方历法乃为清朝所采用。其后不幸因雍正皇帝与其兄弟争位，雍正皇帝得喇嘛教之助，而其政敌十四皇子则与西方传教士相交，于是雍正皇帝即位后，即将西方教士驱逐。即使如此，他也仍准少数耶稣会传教士在钦天监服务。不久，由于保守的罗马教皇不喜欢耶稣会在中国将教义做比较宽松的解释，遂将留华的耶稣会传教士召回。一个对西方文化东传的有力输送者就此断绝，但以上一段仍可作为远距传播的例子。

佛教在公元前6世纪由印度发源后，于东汉明帝时（公元67年）开始传入中国（白马驮经）。其后，佛教僧人陆续远道来华，到魏晋时已有相当的基础。在魏晋南北朝时，中国久经战乱，人民渴求身心安顿，佛教教义在求心安上颇合人民的需要。儒、佛两家，一求出世，一讲入世，原应格格不入；幸而中国固有的道教，虽也讲出世，却已与儒家互相磨合颇久，大家已能找出相处之道，所以佛家的加入对中国学者而言并不难以处理。加之由于佛家有一套辩证逻辑，对中土学者而言颇为新鲜。于是，佛家来华，除传教外，无意中引发了中国学者对儒、佛、道三家的撮合辩论，从而帮助中国人对人生中入世出世如何处理的问题做了一次大检讨，从此中国人才有了一套兼容并包的人生观。所以，佛家的来华对中国文化与哲学思想有重大贡献。中国记录魏晋时代学界活动与言行的名著《世说新语》，就常提到佛教名僧的辩证机锋。佛家除对中国人人生观的辩论有贡献外，在美术与文学方面也有重大的影响。在美术方面，由于往西方朝圣与经商的旅客，在出玉门关进入茫茫大漠之前，祈求神灵护佑，多许下宏愿，回来后就在敦煌绘刻佛像以表感恩，这些敦煌壁画就成了东西艺术交流的媒介与记录。另外在文学方面，由于佛教的诵经梵唱很富音韵，因此引起中国学者对音韵研究的兴趣，于是在南齐永明七年（公元489年）由竟陵王萧子良“大集善声沙门”把梵唱中的“平、上、去”三声，加上中国的“入”声，乃成为沈约的“四声”。时为5世纪末，中国的诗歌从此得以发展成美妙动听的文学瑰宝。

佛教经中印两大文化系统的交流进入中国，对中国影响极大。但反过来看，佛教后来在印度逐渐式微，却在中国发扬光大并转而传播到东亚各国，也可算是一种回馈。

四、社会上的大流动

以上数节，我们所提出的都属于近距扩散及远距传送两种方式的例子。虽然先前我们已举过热水的流动、蝗虫迁移的例子，但前述各例的规模虽大，为时却尚短，影响亦不太深远。而一个大族群的迁徙则对人类会有深远的影响，现在我们提出几个社会上的大流动例子。

（一）我国在全民族抗战期间的大移民

抗战军兴，中国沿海地区的人民，尤其知识分子，为了逃亡，大量迁入内地各省者甚众。沿海地区本来富庶，再加之与海外接触较多，因此一般而言，其知识水平、国家观念以及国际观都较内地居民为高。这些人散布在内地各处，不仅无形中把全国人民的观感知识都提升了，而且也以现代的国家观念代替了很多本土狭窄的地域观念，这对中国人民思想融合有很大的影响。中国之能迅速统一，这些知识分子打破地域观念的贡献，实在助力不少。

（二）客家

古代，中原每次遭遇胡人入侵，北方人就不免南奔，自西晋以来，有好几波南徙的移民潮。东晋的“衣冠南渡”对中国南方的开发，贡献甚大。其后又有数次南渡的遗民，在异乡艰苦图存，就造成今日的客家族群。由于其流浪他乡，所以造成客家人忠义团结、勤奋的美德，这也是大流动的例子。

（三）匈奴西迁，日耳曼民族大迁徙

更大而影响更深远的移民潮大约是匈奴西迁，因而造成的日耳曼民族大迁徙。秦汉虽然是中国国力强盛的时代，但北方的匈奴虎视眈眈，由于其以游牧为生，尚武剽悍，中国

的农业社会远非其敌，对国家威胁甚大。因此，汉武帝一方面整军经武，训练精锐的骑兵；另一方面派张骞出使西域，为的是离间西域各国与匈奴的关系，所谓“断匈奴右臂”。由于汉朝中和了西域的右翼，卫青、霍去病才能犁庭扫穴，除去匈奴大患。匈奴不支，后来一部分在公元2世纪时即被迫西迁，其西迁结果，压迫了西亚、俄罗斯及北欧的各民族，造成了日耳曼民族的大迁徙。这些日耳曼民族流徙各地，攻灭了罗马帝国，造成欧洲的所谓“黑暗时代”，而这些日耳曼民族也就此建立了今日欧洲各民族国家。所以，自匈奴西奔开始以迄的“黑暗时代”，这中间涉及好几个民族系统的大流动，为时数百年，而其对欧洲开发之延迟，以及今日欧洲的版图，更是影响深远。

（四）美洲与澳洲的开发

较近代的人口大迁徙是欧洲白人移入美洲与澳洲。这两洲虽然已有原住的印第安人及毛利人，但这两波西方移民却仗其技术优势，逐渐喧宾夺主，欺压原住民。同时，原住民因对白人所带入的瘟疫缺乏抵抗力，人口大为减少，于是美、澳两洲就成为白人的天下。

（五）人类大迁徙

最重要的大流动应是更早的人类大迁徙：人类的始祖由

非洲出发[1]，迁移散布到全球各地的过程历时数万年、行程数万里，波澜壮阔，影响深远，值得做较详细的讨论。

人类由猿猴的祖先进化而成，其差异在人及其近亲能直立行走。在东非洲发现的化石中，最早的可能是四百四十万年前的被命名为拉密达猿人（Ardipethecus ramidus，缩写为 Ardi，阿尔迪）的一种类人猿。阿尔迪脚底多一块小骨头，使它能把四个脚趾在地面放平（它的大脚趾仍向外分，以便在树上悬荡）；同时，它的上股骨及骨盆也已扩大，以便行走。但阿尔迪仍不是真正能用双脚行走的动物，其行动大约可用双脚，也可爬树。二十万年后，有名的南方古猿（Australopithecus afarensis，Lucy 号称“人类之母”）已能两脚行走，可以在丰草之中觅取小动物及采集粮食，开始了人类祖先的历史。又过了十余万年，在六七万年前，可能非洲气候有变，人类已进化到能两脚长途行走，智人（Homo sapiens）为了觅食，开始渐渐向外迁移。在数万年中，先民的足迹遍及全球，在迁徙过程中，为了适应沿途的环境生态逐渐演变，其 DNA 亦渐渐有新的变化。人种学家在数十年前，要了解人类的演变轨迹，必须靠寻觅先民化石，从骨骼结构来猜测演变的过程。但自从近二十年来 DNA 技术大盛以后，科学家发现，DNA 中的线粒体 DNA（Mitochondrial DNA）由母系传给女儿，而男性的 Y 染色体则由父系传给儿子。据此线索，科学家们已

1　大部分古人类学家认为人类起源于非洲的可能性较大，故采用此说法。

能凭各地居民的DNA分布统计，推演出先民一波波迁徙的路线与先后顺序，以及沿途DNA演变的经过。

图5-2是人类迁徙的路线图，现在与此类似的路线图有好几个版本，路线大同小异，但各线时间则由六万年到两万年，颇不相同。不过，先民的路线本来就很难有可靠的记录或佐证，所以亦不能对其正确性要求过高，大致合理已属不易。至于其路线，大致而言，先民自东非出发后，基本上先向北移，再在中东分向北方及东方，北支向欧洲盘旋，东支则经中亚、印度一带，又分北、东两支，一支进入北亚大草原，另一支则进入东亚，其间又有一支向南，入南洋及澳洲。而北亚一支中，则又越过白令岛桥，进入美洲，进而向南遍及全美洲，终于涵盖全球。其迁徙全程虽长达数万里，但时间亦长达数万年，所以行程实在很缓慢，可说是慢慢扩散。沿路会有很多时间可与途经各地互相适应。一方面，人类为了生存会逐渐演化以适应当地的环境，其中最能适应的DNA亦会脱颖而出，成为当地的主流族群。科学家们就曾发现有几次明显的DNA改变。另一方面，先民为了生活需要，会在各地有意无意地促成某些动植物的繁衍。其中明显的例子是狗、羊等家畜的驯养，以及五谷的改进。所以，这一伟大的大迁徙，不论对人类或对环境，都有深厚的影响。

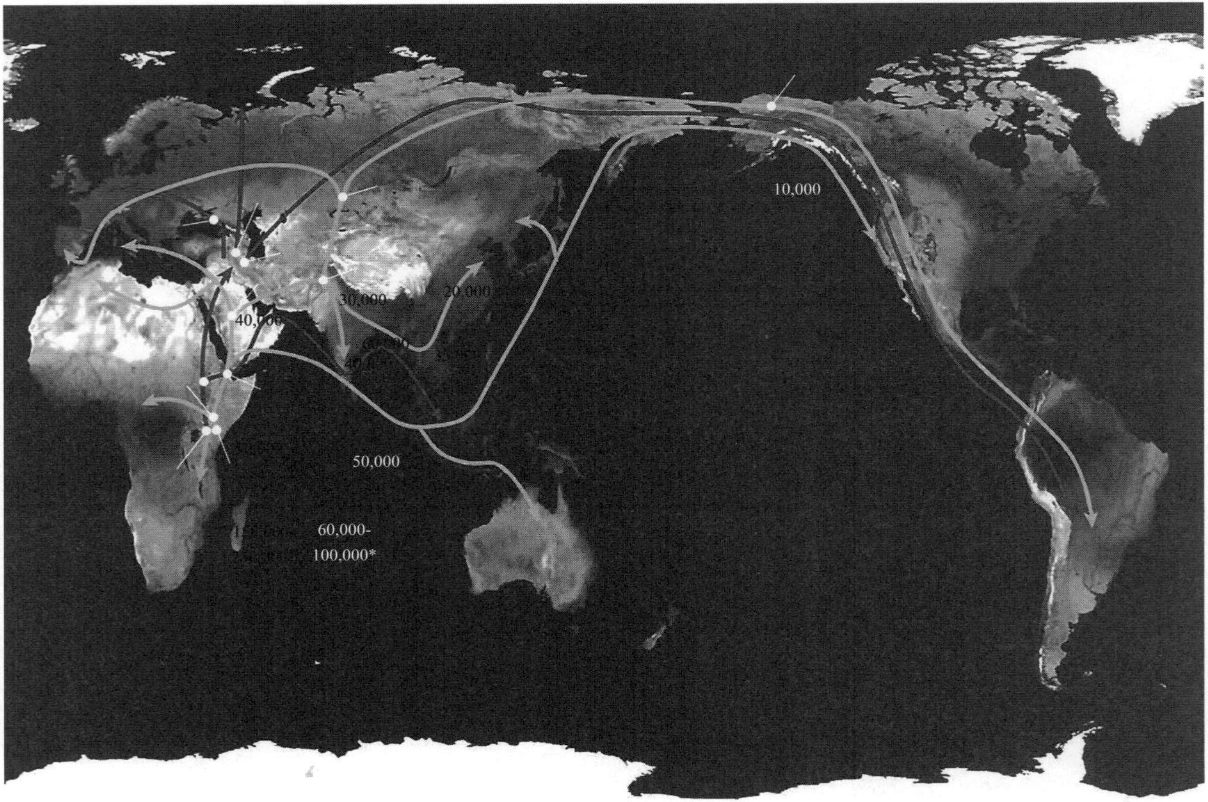

图 5-2　人类迁徙路线图［来源：汤姆·帕特森（公共领域），引自 Natural Earth 3，修订版］

五、附记

（一）输送传播的比较

系统间的输送传播有大有小，有暂时有长远，却都影响了各系统的发展，所以非常重要。

但是，除物理系统以外，其传送率、梯度等很难量化，将其量化以后代入公式，还有待后续的努力。但即使仍不能量化，至少我们可运用物理系统所发展的观念，对其他系统做一个定性化的分析，这工作也还是有用的。

（二）系统交往所受的影响

系统与别的系统交往后，不免接受外来的新物质、新知识、新观念及新成员，并因此引致系统本身的改变。这些影响的大小、好坏并不一致，却均会导致系统的改变，包括精致化、复杂化、更新、进化，但也会引致老化、腐化，甚至灭亡。可以说，如无外来的影响，一个系统的改变非常之慢，只会慢慢地衰亡。

为了解外来影响如何改变系统，下面我们另辟一章，详加探讨。

系统在与周边系统或环境交往后，常会有外来因素进入系统之中。这些外来者，有的只供系统吸收消化，并不长久存在，影响不大，而有些则长久地存在于系统之中，而且保持有其独特的个性，这种外来者，许倬云称其为“他者”。

“他者”对系统的影响有好有坏，有的甚至造成系统衰亡，而有些则成为系统成长或更新的契机。我们可用几个例子来探讨。

第六章

外来因素对系统的影响

无机系统

一、短期的外来物

在海边，潮水常把海中的海藻等漂浮物冲上海滩，这些漂浮物堆在沙滩上，虽然不太卫生，也不太美观，但会日渐消失，并不会有长期的影响。风霜雨雪天气虽有不便，但只要不造成灾害，对人类系统亦无长期的影响。

二、对系统有利的“他者”

金属的合金，是在纯质的金属中加入少量其他金属，以改变其性质。例如，纯铜虽然很软，但加入一点锌就成为黄铜，加入一点锡就成为青铜，两者作为器皿都比纯铜坚韧。

三、会造成长远影响的“他者”

陨星撞击地球，轰起来的尘土天昏地暗，历久不散；地球长期缺少阳光，以致地球上的生物大量消灭，其影响既大且久。恐龙的毁灭，就是由于陨石打到地球，但也因此，小小的哺乳动物才能有机会发展。

工厂污水流入河川，造成鱼虾死亡，并污染饮水，这种“他者”就对河川系统有害。

海水在飓风的鼓动之下冲破海堤，淹灌堤后的农田土地，以致农田不能生产，如 2005 年的飓风卡崔娜（Hurricane Katrina）对美国新奥尔良造成的灾害。日本在 2011 年发生的仙台大地震也是一例，其衍生的大海啸对日本东北部的环境造成了巨大的灾害。

有机系统

一、外来物有不良影响者

（一）外来的动植物，进入无天敌的环境，迅速繁殖，把当地的土生动植物掩杀殆尽

例如，美国南部由日本引进一种葛藤（Kudzu）作为观赏之用，不料此物的生长力极强，攀爬在大树上，很快就把整个大树覆盖，而且四处蔓延。现在美国南方大城市，如亚特兰大市等地，满城的行道树大部分已经为此覆盖。现在葛藤已侵入华盛顿哥伦比亚特区（简称华府地区），树木常被其纠缠，夺取日光与养料，即使不死，也要受伤。

又如，美国各地，春夏时有很多地方有吉卜赛飞蛾（Gypsy Moth）到处结网。它也是早年引进的，以为可以培育做吐丝之用，不料有几只由实验室逃逸，到处繁殖，其幼虫不知节制地以寄主植物为食，造成很大的危害。

（二）侵略图利，取而代之

有些动物“侵略”“他者”以自肥，食物链上弱肉强食固然多见，但有时又有取而代之的行为，下面是两个例子。

1. 冬虫夏草

冬虫夏草（Cordyceps）产于青藏高原，是著名的“灵药”，其外形为虫，但又是一枝草的根。其实，此物本是一种蛾类的幼虫，而虫草菌孢子寄生幼虫后，就会在虫体内发芽，以虫体为其养料——最后，虫死而菌肥，菌茎穿出地表，为采药者连根掘起。此物，寄生菌即是“他者”取代原系统（图 6–1）。

图 6–1　冬虫夏草的形成过程（来源：韩泰真）

2. 鹊巢鸠占

成语“鹊巢鸠占”，源自《诗经·召南》，按字面解释是指鸤鸠（布谷鸟）强占喜鹊的巢，其实西方也有类似的情形。例如，在美国，牛鹂（cowbird，又译为哀鸽）喜将其蛋生在别种小鸟的巢内。其行为是有计划地侵占，它在生蛋前先在树林中寻查，找黄鹂一类小鸟所筑好的巢，乘其刚生两三个蛋后，偷空在巢内生蛋，让小鸟巢主为其孵蛋及喂养幼鸟，有时还威胁巢主，令其就范。这些侵占者的幼鸟体型较大，在喂食时还会争先；布谷鸟甚至会把巢主的幼鸟或鸟蛋推出鸟巢，更为霸道。

具有“巢寄生”（brood parasite）行为的鸟类有几十种，大致而言，霸巢者多半体型较大，而巢主则多半体型较小，有的霸巢者连初生幼鸟都比巢主来得大。如此一来，“鹊巢鸠占”就颇有商榷的余地——问题在“鹊”：鹊与乌鸦大小相近，岂能被较小的鸠类欺负？

近来有人主张“鹊巢鸠占”可能为“雀巢鸠占”，对此我们有下列文献值得参考：Soler 等人在西班牙做过欧洲版的“鹊巢鸠占”的实验，他们发现欧洲喜鹊（European magpie）之所以容忍鸠（大斑凤头鹃，great spotted cuckoo）占巢，是因为鸠采用捣蛋性的“流氓”行为。喜鹊若发现生蛋的鸟巢有外来的蛋，会将野蛋推出去并另建新巢；而鸠虽冷眼观察，但等鹊离开后就把新巢破坏。两者筑巢毁巢，一来一往，鹊不胜其扰，知道若要保存后代只能与“流氓”妥协，容忍鸠在其巢中生蛋，如此则至少鹊也可有机会传下后代。

另外，也有一则相关的报告是有关“鸦巢鸠居”的研究。一群西班牙与瑞士研究人员根据其长达十六年的观察，认为西班牙北部的鸦（小嘴乌鸦，carrion crows）之所以与鸠合作，是由于鸠蛋的蛋壳上有一层恶臭的黏液，可以赶走想要偷吃鸟蛋的侵入者，于是鸦与鸠的蛋都得以成功孵育，两者的幼鸟存活率均有所提升，两蒙其利。

以上两项研究似指出，两鸟共巢利诱与威胁均有可能，所以“我他”关系有时须做多方面的思考。话说回来，既然身型相近的欧洲的鸦与鹊，均能与较小的鸠共巢孵蛋，则中国版的“鹊巢鸠占”也并非不可能。

3. 掠人子女为奴隶

在美国的有些地方，有大的蚂蚁会攻击相邻而体型较小蚂蚁的窝，把蚁蛋掠去，待这些小蚂蚁孵出后，使其为奴——如此情形与美洲白人把非洲黑人掠来为奴，颇为相似。

4. 天然大灾难

在火山爆发后，有大量火山灰喷入大气之中，这些微尘阻挡阳光，地球因此会变冷，进而影响地球的生态。火山灰覆盖整个山坡，把坡上的树林及其中的动植物全部摧毁，山上的生态要很多年才能恢复。如西西里岛上的埃特那火山（Mount Etna）爆发后，漫山遍谷地盖满黑沙，要过多年才有一些能在沙中生存的花草。

5. 细菌瘟疫

细菌瘟疫会造成人体的大量伤亡，中外各国均常受其害。患者感染严重的疾病，身体严重受伤，常常会死亡。

即使现在医药昌明，如 SARS 或禽流感等仍会在全球造成严重的伤害。近来，埃博拉（Ebola）病毒在非洲为虐，据美国疾病控制与预防中心（Centers for Disease Control and Prevention，CDC）2014 年 10 月中的估计，埃博拉造成的死亡人口约每三周增加一倍，如此至 11 月便可能有两万人死亡。后来经世界各国的共同努力，防止其扩散，在 2014 年底基本上将其限制在发病的西非三国。即使如此，到 2015 年 4 月 27 日为止，已约有 2.6 万人得病、1.08 万人死亡，仍很严重。

本节的几个例子均是生物界的侵略者，倒与人类中的侵入者喧宾夺主颇为相仿。也可以说，人类虽自命为万物之灵，但有时其行为实在也无异于禽兽。关于人类对弱小民族的侵略、掠夺、欺压，在第十章再叙述。

二、外来者与主体共生互利的例子

例如，水獭与麝鼠，两者都是在水边筑窝的小动物，但水獭较大，重达二十千克，而麝鼠则只有两千克。水獭是很好的工程师，它们能上岸在树林中物色合适的小树，用利齿啃断，拖到水中，以此在水流中筑坝，拦出一个小塘，在其下筑成一个安全的窝。笔者后园有一条小溪及小池塘，就被水獭相中，将我们辛苦栽培的梅树、松树、山茱萸树啃断了好几棵作为筑坝材料，并定居下来。麝鼠虽也在水边居住，但其窝只用猫尾草等草类堆成，非常简陋，亦不安全。但它们如刚好与水獭为邻，就会迁入水獭的“豪宅”，成为房客，以求住得比较安全、舒适。但麝鼠也要提供两项服务：帮助“房东”警戒，同时吃窝边的猫尾草等，以保持出入通道的畅通。所以，麝鼠是自荐为“门房”兼“打扫工”，用劳力来抵“房租”，宾主共利。

又如，有种蚂蚁，把蚜虫豢养在窝里并供应饲料，蚜虫则分泌乳液喂养幼蚁。

再如，豆科植物的根部常有根瘤菌寄生，根瘤菌则将空气中的氮气吸收，转化为可供豆根吸取的肥料。

以上数例都是客者与主体共生互利的，这在有机系统中颇为多见。

社会系统冲突与共生

一、短期的外来者

一个国家输入的外国商品很快就被消费掉了，只要其数量、金额不是大得影响到国家财政，倒也无碍；一家公司有一批访问专家，提出一些改革建议，只要不是动摇根本的改革，也无大的影响；学校常有的客座教授，也是短期的外来者。

二、长期的外来者

美洲早年印第安人安居乐业，其后欧洲白人进入“新大陆”。印第安人最初还友善地接待，岂知竟“引狼入室”，被白人完全征服，被驱赶到偏远的山区。此处，他者“反客为主”，将一个系统完全取代，另开始一个新的系统。

古罗马帝国及中国唐代，为了国防需要，招募边境的蛮人为军，但这些外籍兵团或番将日渐坐大，最后成为国之大患，进而颠覆朝廷。

另有一种外来者，他们进入一个系统，既非自愿，亦未得利，这就是被掳掠的奴隶。掠人为奴，不论东西，自古都有：中国在战国就有奴隶的存在；在西方国家里，奴隶对希腊来说就很重要；而罗马更甚，罗马的农业生产主要就靠奴隶。后来，美洲开发时，也是依靠由非洲掳来的黑奴，尤其美国南方，其经济主力为烟草与棉花，就是靠黑奴的劳力。黑奴与其主人之间，是一种共生关系；然而，二者之间绝非互利，而是一面倒的“黑奴以劳力苟生，奴主劳人以得利”。

欧美列强从开发新大陆到过去的两百年，以帝国主义方式在亚非各地遍设殖民地，榨取当地的资源与劳力，也是一种不平等的“共生”。事实上，今日世界的很多纷争，仍为帝国殖民主义引致的恶果。

三、国族系统

由于国族之间“我者”与“他者”互动的情形很多，而且对世界的文化发展以及人民祸福影响甚巨，我们应该多加关注，为此我们特另立一章，详加讨论。

在社会系统中，不论是一个社团、一家公司或一个国家，总会有新人加入，其来源有新进移民，新归并的单位、团体、属地等。这些新人的文化背景、生活习惯或工作与知识程度，都可能与这个系统的原有成员有差距。如果差距不大，大家能够相融，这些人就能成为系统中的一员；如果格格不入，这些人就成为“他者”。

如果这些“他者”长久地不能融入，在此团体中就可能产生摩擦，影响团体的运作。但如果这些“他者”以其专长、能力，或其特有的观念、背景，能对此系统做有用的贡献，则此系统必须尊重甚至听从这些“他者”；“他者”因此也就成为系统成员，而其做法、看法，也成为此系统新的特色。此种“互利共生”（Mutualism）的情形，就如同生物界中的“共生”，一如上章的叙述。在社会系统中的例子很多，两家公司，一个有很好的产品及生产系统，另一个有很强的营销系统，两者合并或合作就是两利。

第七章

人类社会中『我者』与『他者』的互动

土地上不同族群的兴衰演变

新大陆发现后，引起英、法人民向北美移民，西班牙与葡萄牙则向南美移民。这两大移民潮改变了南、北美洲人种的分布以及地缘政治，影响深远，我们在此探讨一下。

先谈北美。由欧洲来北美的移民，大部分为要脱离英国、另辟天地的清教徒（法国虽也有若干移民，但人数远比英国少，此处从略）。这些清教徒是被从故国连根拔起的，义无反顾，所以在进入新大陆后就积极地开拓家园。他们初来时虽与原住的印第安人共存，而且还依靠印第安人的协助才能在此新环境立足，但在白人人数日增后却恩将仇报，把印第安人赶入山中，占有了整个北美大陆（除加拿大），因此才有今日的世界巨霸——美国。所以就“我他”关系而言，这完全是“鹊巢鸠占”，并没与原住民发生互利之处。

美国自建国以来到20世纪30年代，有一波波的移民进入，如爱尔兰人、意大利人、华人、东欧人及今日的拉丁美洲移民等。每一波新移民初入美国时，都以劳力谋生，文化程度较低。这些新来者在社会上饱受歧视及欺负，是标准的“他者”，但他们凭借吃苦耐劳的毅力，对社会作有用的贡献，又以同乡团结的精神，令人不敢过于欺负。经过两三代的努力，“他者”才逐渐赢得社会的容纳与尊重，最后甚至在社会上造成一股不容忽视的势力，在政坛上举足轻重。肯尼迪家能出头，就是爱尔兰移民多年努力的成果。

20世纪30年代中期以后，由于希特勒强力排除犹太人，很多高学历、高技能的犹太裔知识分子，包括科学家、作家、教授等纷纷逃到美国，于是来美的移民有了“质”的变化。这些知识分子来美后，使美国的大学程度及工业与国防科技水平大大提高，同时还使美国能在“二战”中以科技与工业力量取胜。这种现象在德国挫败后更为显著，美国军方有计划地把欧洲战败国内的各科一流人才连邀带逼，网罗到美国[1]。20世纪40年代后期，美国又罗致与训练了一批华裔学人，仅半个世纪左右，美国各科技领域几乎都有华裔专家。今日华裔在社会上颇受人尊重，应归功于自华工来美筑铁路以后，列代华人移民先锋（尤其是“二战”后的移民）以其勤奋努力的精神和其高技能、高知识，对美国社会作出不少贡献，赢得了美国社会的尊重，也为华人后来的移民争取到社会的接受，这可说是“我他共存”。另外，由于一波波移民、人种相混，今日的美国人民已很难界定为哪一个族群。二三十年后，由于拉丁语系的人口百分率将大量升高，人种又将有巨大的改变。

---

1 笔者20世纪50年代在美国研究院读书，还有幸能向这些大师请教。

南美洲的情形又与北美洲不同。当那些西班牙、葡萄牙拓荒者登陆南美洲后，他们身上所带的各种瘟疫细菌也被带到了南美洲。南美洲本无这些病菌，原住民毫无抵抗力，所以大批地死亡，带菌的白人却健康如常。刚好南美洲原住民间有一种传说，预告有白色的“天神”会降临人间，于是纷纷降服，这些冒险家乃能轻易地降服原住民，占有南美洲。其实，中南美洲原有三个大帝国，文化程度颇高，在天文、灌溉、道路等方面均有相当的水平。但他们没有发明车轮，也没有马匹，所以白人骑马挥剑，威武有如天神；再加原住民因瘟疫大批死亡，西班牙及葡萄牙乃能假借“神意”征服全部中南美洲，并由教皇指定西半边为西班牙所有，东半边为葡萄牙领土。西班牙所占地区，物产丰富，尤多黄金，乃一跃而成世界上最富的国家。西、葡两国把新领土分封给各贵族，再由这些贵族派人去夺取美洲的黄金与物产。由于这些远戍的白人，其主人仍可两地为家，但部属单身在外，不免与当地原住民或黑奴结婚，这些混血儿被称为“拉丁人”（Latino），社会地位仅次于纯种白人。不过，拉美人口持续增长，现在竟成为拉丁美洲的主要族群，而且在二三十年后很有可能成为南美最大的族群。这是在一个系统内，各族群由相对到兼容的好例子。

而且，这些“拉美”正在大批地移入北美。半世纪后，“拉美”很可能成为美国最大的族群——届时，美国也就成为一个“拉美”国家。回顾美国当初白人把印第安人赶入山中，令印第安人几乎灭种；但四百年后，美国将以另一混血族为主要族群，也非开国元勋们始料所及。

外来垦荒的移民与当地原住民结合，也发生在中国台湾的早期开发时代。那时，由闽南迁入的移民大都为单身，在台湾定居后，与平埔族（居住在台湾平野地区的原住民族）的女子结婚也是常事，所以后来平埔族也就逐渐与来台移民融合，如今已很难分清你我。

知识或观念或行为习惯的“他者”

在一个社会系统中，人的因素固然重要，但人的行为受其人生观念的规范。一个社会必须靠社会共有的人生观念、行为准则来维持社会秩序，法律不过是把这个观念、准则用具体条文来明定。所有社会成员，平日的行为与相处之道，就靠深植人心的人生观念来自动规范“而不逾矩”。因此，社会的人生观念可说是和谐社会的支柱，也是御人之要件。

人之所以不同于其他动物，在于人能学习如何御物，其中包括对自然万物的了解与利用，这就是智识。只有了解自然的本质与变化，才能驾驭万物为我所用。

各种民族由于其生活环境的不同，而有农、牧、渔猎等生活方式，进而影响其习惯、风俗与体力。游牧民族比较剽悍，农耕民族比较敦厚，即有很重大的差异。

一个社会系统有其承袭先祖、世代相传的人生规范以及自然智识。这些观念、知识，是列代经验的传承，是智能的累积，系统成员不敢轻易改变。

但是，时代一直在变，周围的自然与人文环境也在变，往日的智慧不一定完全适用于今日，如何改变则必须靠系统中自己对人文物理的观察，或借用别的系统所学习的经验。但是，改变固有的习惯并非易事，而要改变基本的人生观念更是痛苦。

这种观念与知识的改变，既需要有大智慧的人来发现与传播，也需要有社会环境改变的压力来说服或迫使社会接受改变的必要。在此情形下，外来的榜样或压力，常有促进改变的催化作用；而这外来的影响及推动，常要靠系统与周遭别的系统的交流，甚至要经由外来的“他者”促成。我们就在此提出若干例子。其中有的例子是“他者”为原有的“我者”所吸收；有的是“他者”征服“我者”，取而代之；有的是经过一段时间的磨合，这个系统蜕变为一个兼有“我他”两者特色的新系统。

一、中国

（一）先秦时期各地文化的相互融合

在此，我们先看看新石器时期后各种文化相互融合的过程。中国在新石器时期，各地分别发展出各有特色的文化。因其地理环境差异而有不同的生活方式，大致而言，可分为六区：

1. 以燕山为重心的北方区。

2. 山东一带的东方区。

3. 关中到豫西、黄河转折一带的中原。

4. 太湖一带的东南区。

5. 荆楚巴蜀一带的西南区。

6. 鄱阳湖以南的南区。

这些地区相互来往、学习竞争，互相激荡、互为宾主（“我他”之相融合）。经五千年之久，北方的三个文化圈（分别以仰韶文化、大汶口文化及红山文化为代表）终于合成中原文化，而第5、第6区则发展出楚文化，又在春秋时与中原文化合流。不久，东南的吴越文化也加入。至此，在两千余年前，华夏文化乃大致成形。在这个过程中，各个文化各因其地理及生产方式的不同，皆各有所长却又有可向别人学习之处。例如，中国的乡里制度率先在中原农耕区发展而成，并进而形成中华文化中重要的伦理观念。又如，冶金技术出自张家界一带，相传此处为蚩尤之地，而蚩尤以善于冶金而为兵器之神；黄帝在中原，并无山林矿炭之利，在此方面，可能还须拜蚩尤族为师；而舟楫鱼捞等，则北方自须向南方学习。后来，即使到了春秋战国，楚国的诗歌文学也远比中原为胜。同理，中原为了维持农业社会所发展出来的地方制度以及水利灌溉技术，因用于治国与生产非常有效，乃为各地所效法。如上种种，各地区互相的接触，有时为“我”，有时为“他”，竞争与学习渐渐相融，乃成其大。

（二）三国时期，各国的形成及“我他”之间的调适

东汉末年，经董卓之乱，各地群雄并起，天下大乱。在相互杀伐之后，天下呈三国鼎立之势。这段历史，凡中国人都耳熟能详。蜀、魏、吴三国的形成各有其独特的过程：其中魏篡汉称帝，其疆域乃汉之中原，人民也是汉代人民，较少有外力侵入，所以并无“我他”之分；蜀、吴二国，则均由外来武力进入一个边陲地区，因此均有“我他”相磨合的过程。

先谈蜀国：孔明的“隆中对”构想，本就是从荆州（今湖北、湖南）取益州（今四川），再以益州为根据地，进取中原。但是，这个集团的核心是刘关张三结义，这是“铁三角”，后来才有赵云、诸葛亮等人的加入——这二人以及中原一同加入的人士，相对那“铁三角”，就是第二圈。这点“我他”之分，由关、张二人对孔明的决策常有微词可以看得出来[1]。其后是刘备在荆楚地区所收罗的人才，此批可谓“荆楚集团”，可说是第三圈，而最后一圈才是益州人士。基本上，刘备集团像一个洋葱，由内向外层层包裹。

刘备在关羽大意失荆州后，为报私仇，不顾国家联吴的基本大战略，以举国之兵伐吴，结果大败而归，并因此气死，同时还损失了蜀国大批军民。在此事件中，关、张二人也充

1　赵云言行谨慎，而且对“铁三角”不生威胁，可说是圈外之人。

分表现出其自私自大、不顾大局的老粗本色，以私败公。蜀国的第二、第三圈军民看在眼中，能不寒心？孔明后来取代刘备成为核心，他虽然勤政爱民，以公平法治令人民心服，但是仍未大量培植及重用益州人士。益州人士以李严为首，而李严虽与孔明同为刘备的顾命大臣，却始终没有大权；后来，还因其诬赖孔明，以致孔明不得不中断伐魏，匆匆南返。后来孔明虽能洗刷清白，但因此李严被废黜，而北伐亦半途而废，戎机已失，这就是因“我他”之争造成的国家损失。孔明临死仍在扩大各圈的矛盾，令他内圈的杨仪与“荆楚集团”的大将魏延火并，可见蜀国“我他”之间的矛盾始终未能化解，最终导致国家的灭亡。

我们转观东吴：孙坚、孙策由淮上起家，其基本集团为淮泗军人，其后又收罗了一批中原南奔的士人，在进入江东后，又有江东士族归入旗下。孙权在孙策被刺后，既追念父兄，又惶恐自己只有十八岁，如何挑此重担？幸有老臣张昭提醒他：现在不能只顾私情，应以国事为重，孙权立即振作精神，由老臣们陪同巡视军队以鼓励士气。这一先公后私的表现，就远比刘备的只为报结义私仇，不顾国家大计的一意孤行要高明。驻扎在荆州附近的大都督一职位高权重，而孙权并不只用私人，先后任命周瑜（孙策的连襟）、鲁肃（中原投奔东吴的文士）、吕蒙（军中由小兵拔擢）、陆逊（江东士族），可见他用人唯才，不分亲疏贵贱，这比孔明似还稍高一筹。称帝后，孙权曾任命陆逊为丞相，可见他有心重用江东人士，又比蜀汉压抑益州人士高明得多。可惜一个人在位太久就会骄矜多疑，孙权后来就因此搞得骨肉相残。他死后不久，东吴亦亡，但其早年为东吴族群融合而做的努力，仍值得肯定。

（三）晋朝的“衣冠南渡”

晋朝皇室在司马炎开国后不到五十年，就有“永嘉之乱”。西晋覆亡后，中原士族纷纷南奔，投到在南边新建的东晋，是为“衣冠南渡”。这些士族乃国家精英，如王、谢等家，见识能力均强，东晋自当容纳，而且重用。但是，这些后来者既要占据高位，又要分占资源，对江南原有士族造成很大的威胁，于是就有了“我他之争”。东晋政府对此难题很费了一番功夫来疏解：一方面，鼓励各大族之间通婚；另一方面，则将今日浙江沿海地区划归北方南来的士族开发，以免其与原来之江东士族争太湖一带的膏腴之地。但由于北方大族一直把持高位，所以“我他”之间始终未能消泯争斗，最后两者同为掌兵的军阀所打倒。

（四）“五胡”南下与北魏的汉化

晋朝在公元280年灭吴，统一中国，但不过三十年即因贾后乱政，王室内斗，国家又陷入混乱。于是，本已由周边逐渐渗入的胡人趁机夺取政权，同时互相攻伐，中原大乱。这些胡人虽已与汉人相处多年，但因多半是被汉人引用作军人或奴役，文化程度不高，又残忍好杀。他们虽能得国，却多不能治国，以致中原生灵涂炭、赤地千里。其中，虽有石勒、苻坚等能任用汉人，得以有短期的治世，但大体而言，这段时期为“他者”凌驾原系统而不能相融的例子。

中原的乱局，由公元316年西晋为汉赵所灭到北魏孝文帝，胡人以“他者”入统中原的局面，长达一个半世纪。北魏孝文帝由于受祖母汉人冯太后的影响，钦慕汉文化，认为要统一中原，必须汉化。当时首都平城（今山西大同）偏处漠边，不论国防兵源、粮食、交通均不能有统御全国的器局，于是迁都洛阳，并命令胡人全面汉化，包括恢复魏晋官制、禁胡语、易着汉服、用汉姓、胡汉通婚、改度量衡，可说是全面改革，这是一次空前的“他者”融入大系统的例子。

后来，北魏虽因边陲的鲜卑保守势力反弹，国力大衰，但胡汉大族继续通婚合作，汉化的程度日渐加深。尤其是在关中、陇西地区的西魏及后继的北周，由于国力较在中原的东魏、北齐为弱，胡汉不得不相融相助，渐渐经过北周宇文氏的继续努力，借由胡汉通婚，形成休戚相通的关陇胡汉集团。这个集团既仍保有胡人强悍的性格，又有汉人治国的能力，心胸亦较开阔。南北朝末年天下大乱，这个集团先有杨坚，后有李渊父子，均能脱颖而出，形成隋唐大一统的局面，也才造就了大唐兼容并包的辉煌盛世[1]。

---

1 杨坚及李渊均与胡人通婚，杨坚以胡女独孤伽罗为皇后，杨坚并有胡姓。李渊亦与胡族通婚，其母独孤氏、妻窦氏，李世民妻长孙氏，均系胡人，其部下亦多胡人。

北方的“我他”之间关系错综复杂，胡汉两族互为宾主：合则两利，分则两伤。所幸最后经由关陇胡汉的大结合，乃能统一中国，缔造唐代盛世，较诸西蜀、东晋，高明多多。

（五）满族人的汉化

满族人在明末乘农民起义颠覆明室之际，由吴三桂引入关内，以十三万人取得天下，对中原文化可说是“他者”。因为他们自知人少不能治理国家，所以一开始就重用范文程、洪承畴等汉人。清朝初期很多规制均出自汉臣的建议，满族人只在本族内保持其风俗习惯，对汉人则除剃发外，基本上听其自然。后经康、雍、乾三代大力崇尚中原文化传统，满族人汉化日深——除保有其统治者的特权外，就思维方式而言，事实上已经与汉人无异。所以，满族人的汉化，是“他者”融入“我者”的一个好例子。

（六）太平天国，“他者”失败的例子

清朝虽以少数民族入主中原，但因其经二百余年的文化融入，到19世纪中叶已几乎成为中国正统王朝。其时，由于清朝已经中衰，内外交困，乃有太平天国起义。当时，民不聊生，太平军席卷南方半壁江山，本应大有可为。但洪秀全所打之旗号，乃是一个“不伦不类”的“天国”，其宗旨乃一个曲解而肤浅的基督教义，与中国久植人心的儒家思想甚不相融，不能为人民所接受。尤其对读书人而言，其更是“无

父无君”的谬论——故曾国藩等士人乃能以此号召读书人奋起抵抗此危险的“他者”思想。所以，太平天国的失败，与其说是为清朝所灭，毋宁说是为中国固有的思想所灭。

由此例可见，种族的“他者”还有可能与“我者”融合，而思想的“他者”就很难取代思想的“我者”。实在太平天国之洪秀全等人，本可以“驱逐满虏，恢复中华”为口号，将自己放在“我者”地位来反抗“他者”，局面或可仍有可为；但他们却搞了个“歪曲”基督教义的“天国”，反而把主位让给中国固有的儒教，他们反而成了“他者”。于是，主客易位，反而遭受排拒。

二、欧洲“黑暗时代”的逐渐终结

公元 4—5 世纪，日耳曼民族在欧洲四处流徙，导致罗马帝国的覆亡。日耳曼民族本为野蛮民族，民智未开，连其首领人物都很少识字，欧洲乃由辉煌的希腊—罗马文明，进入“黑暗时代”，所以可说是野蛮的“他者”侵入了文明的“我者”。其时，幸而还有教会尚未摧毁，于是教会派出传教士到各个日耳曼领地，一方面向人民传教；另一方面以其对希腊—罗马古典文明的知识（请参看第一章中爱尔兰僧院对保存西方古文明的贡献），协助日耳曼领主治理事务。各个日耳曼领主因此才能建立国家。最后，查理曼大帝由罗马教会封为“神圣罗马帝国”皇帝，欧洲才逐渐恢复文明。在此，教会又以“他者”的身份进入日耳曼民族，教化他们进入文明。这一段经过与中国南北朝时期北方少数民族逐渐为中原士族引导所汉化，颇有异曲同工之处，而且时代也大致相同，可称巧合。所不同者，中原士族是以儒家哲学同化胡人，而欧洲则是以基督教义同化蛮族。

思想与文化上的“我他”之争

一、中东地区的宗教冲突

所谓中东，大致涵盖地中海东区，向东延伸到阿拉伯半岛及伊朗，再东至阿富汗。此地区在10世纪以前为罗马帝国及其延续的东罗马帝国所辖，但在7世纪初，穆罕默德所创的伊斯兰教以阿拉伯半岛为根据，数十年内在中东迅速扩张，并延伸到北非，对东罗马帝国造成极大的威胁。随后伊斯兰教的扩张虽然因内部有什叶与逊尼两派之内争，稍有停顿；但到8世纪时，其先后建立的两个帝国，势力已涵盖地中海东、南海岸并延伸到西班牙——“他者”已成“我者”。伊斯兰教帝国虽已凌驾于原有的东罗马帝国之上，却很注重文化与科技的承传，他们收纳西方与印度的文人及科技专家，传授医药、数学、天文及西方的古典文明。在“黑暗时代”，西方文明有很多科技知识是靠伊斯兰教国家才保存了下来（同时，爱尔兰的苦修僧侣也功不可没）。

到11世纪初，由于伊斯兰教占领了基督教圣地耶路撒冷，东罗马帝国向罗马教会求救。是时，西方“黑暗时代”已逐渐结束，各新近皈依基督教的封建领主急于有所表现，同时也垂涎于东方的财富，乃纷纷组成十字军，东征圣地。从公元1095年到公元1291年，共东征九次，但由于各领主以私利为重，所以不仅劳而无功，反而把东罗马帝国的残留势力毁掉。这些东征骑士虽然打着消灭“异教”(“他者”)的旗号，却在东方发现西方的旧日文明在伊斯兰教世界非但得以保存，而且被发扬光大了。他们因此反而能把失落的文明带回西欧，帮助西欧复兴。这是一个很大的讽刺，却也是西欧的幸运。

二、中国吸纳西方文明的痛苦过程

中国自汉唐以来，长久以“天朝上国”自居。对外来的人和物常以入朝、入贡视之。除对佛教外，很少刻意虚心地向外人学习，这种自大的心态在与西方文明碰撞后，就遭遇了很多困扰。

除一般商务交易外，西方有心与中国接触的当以明末耶稣会努力进入中国传教为始。公元1582年，利玛窦来华，他先在澳门学习汉语及中国的文化，再进入北京。凭其在天文、地理、数学方面的智识及对中国文化的了解，他得以打入中国社会，但更主要的优点乃是他对中国文化的尊重。他认为中国文化，尤其儒家思想，与基督教教义基本上是相同的；至于中国的敬天法祖，他也认为是礼法上的敬重，与敬拜上帝并无冲突。当时，耶稣会的计划是要建立一个中国式的基督教，因此，利玛窦（图 7–1）很快即能为中国士大夫所接受。他在中国传教 28 年，去世时，中国信奉基督教者已超过两千人，其中很多是文人，而最著名的是徐光启。徐与利玛窦合作，翻译中西文献，尤其是将西方的科学、数学、地理知识介绍到中国，对中西文化的交流甚有贡献。当时，明朝对耶稣会颇能接纳，连崇祯皇帝都快信奉基督教了，只可惜明朝覆灭打断了进程。耶稣会在明朝的成功，在于他们努力认同中国文化，与中国人打成一片，使中国人不把他们视为“他者”，这段时期可以说是中国接纳西方的时期。

明朝为清朝取代后（公元 1644 年），耶稣会又须从头去努力说服清廷。在清朝初期，尤其康熙朝，耶稣会虽未被排斥，但亦并不被重视，只是在工技、天文历算等方面为清廷服务而已。此时期可说是西方学识被忽视的时期，反而是基督教内部，对耶稣会调和中西的主张产生了歧见。教中的其他教派如圣本笃会，认为中国的敬拜祖宗是偶像崇拜，不能容忍，如此则耶稣会的主张就成了不合教义。此一争论在基督教内部持续了近百年（自利玛窦故世后到公元 1742 年），最后教皇本尼迪克特十四世（Benedict XIV）裁定不得敬拜祖宗，并把耶稣会传教士召回。从此，基督教可以说在中国自外于当地的主流社会。

图 7-1　利玛窦画像

这一段争执，可归咎于圣本笃会等教派对耶稣会成就的忌妒，但更可以看作罗马教廷担心耶稣会的基督教中国化的作风，会造成一个中国式的基督教会。如中国当时真能自己发展出一个大教会，以中国之大，以后难免尾大不掉，很可能造就另外一教廷，与其分庭抗礼。这种顾虑，毋宁是教会本身惧怕产生一个“他者”，破坏现有的秩序，所以这是另一个“我他”之争。

乾隆朝，英国使节来华，本来应该开始双方的交流，却因为英使是否应跪拜皇帝的争执，双方闹得很不愉快。中国亦自认为“天朝大国”，无所不有，西方乃被忽视排斥。

中国对西方的排斥，一直延续到公元1840年的鸦片战争。当时英国以其船坚炮利，强力敲开了中国紧闭的国门。自此以后，一连串的外力入侵及一连串的屈辱，使得中国在一个世纪中，对西方由拒外变成惧外，甚至媚外。

经此长期的屈辱，中国的读书人乃有变法及革命之举，其目的是要经由维新改革，将西方的制度移植到中国。在此阶段，西方文明已由“他者”渐有侵蚀中华文明主体之势。

不过，维新还是失败了。后来的革命虽然成功，但反而陷入军阀混战，于是又有五四运动，希望把西方的“德先生”（民主）与“赛先生”（科学）引入中国。这个运动促成中国的现代化，尤其对中国的教育制度以及城市生活影响颇大。由此，中国开始大步地走向西化。其实，这个趋向可以说是中国走向现代化，实也是世界共有的大方向，是全球工业化的必然趋向，而今日交通、电信发展更加速了这个世界化的速度。现在这种变化已非谁学谁，而是各地区互相学习。中国从世界各国学习，同样，各国也向中国学习。大家逐渐已无“我他”之分，希望最终能达到“地球村”的境界。而在这个“地球村”内，大家都兼容相忍，这种美德恰好是西方文化所欠缺而又是中华文化特有的优点。

三、结论

系统间的输送传播有大有小，虽然有暂时有长远，但都会影响各系统的发展。而不同的族群或文化在同一地区相逢后，都不免有一段磨合的过程，其中有些过程还相当痛苦。不过，不论其过程如何，这种磨合都是人类进化史中在所难免的。

系统的不稳定可能有很多原因，对物理系统而言，其不稳定性之机制有的是因动力的改变，有的是因回馈机制的变化，还有些是因各种状态变化所驱动，不一而足。目前已有很多有关控制工程的研究，但这些都是因个别物理系统的特性而异，不一定能普遍应用于物理系统以外。但另有一种是因资源之输入及消耗间的相互消长所造成的不稳定，却比较可以在各种系统间找到共通点。我们既然在寻求各系统的共通性，则这种需求平衡的不稳定状态，也就成为我们应该探讨的课题。我们先谈质变，再谈量变。

就质变而言，我们可谈的有老化造成的不稳定、支系统失衡造成的不稳定、外来压力造成的不稳定以及群众盲从造成的不稳定。

第八章

系统及社会的稳定性或不稳定

内部的质变

一、老化造成的不稳定

系统中不论是系统整体还是其支系统发生老化，都会影响整个系统的平顺运作，久而久之更会导致系统各部门的加速老化。就以人体为例，一个人年老以后，虽然开始并不是所有器官同时老化，但牵一发而动全身，一个部门的功能失效，会影响别的部门。例如，一个人平日多吃油腻及甜食，以致得了糖尿病，此人的循环系统就会退化，其后会影响眼睛以及腿部等，而且还会影响其他器官的修复功能，造成此人整体健康的衰退，甚至死亡。又如，一般老年人的筋骨会衰退，很难维持平衡，万一跌跤，就可能会臂折腿断，甚至半身不遂。

另以河流为例，河流老化过程中包括河岸的侵蚀以及河床的淤塞，这两种毛病结合在一起，就造成弯曲处一边饱受冲刷，而另一边却淤积成滩。这两种过程使河流在洪汛时容易泛滥，而长期的后果则是造成河床的极度弯曲。最后，极弯的部分成为圆弧，于是脱离河床成为一个湖泊，而河床本身亦因淤塞过度而消失。

例如一棵老树，其枝干已脆裂破损，如有风吹雨打，就有断折的可能，这也是老化后难保稳定的例子。

至于社会系统，老化后难保稳定的例子更多。一个老化的公司，其领导团体在持续多年以后，不论其精力、观念、应变的方法与速度都已大大落后，不能及时地应因变局。美国的很多老公司，虽然当年都是叱咤风云的强者，但在近来的几次经济风暴中却逐渐消失；有些即使仍在勉强维持，也已摇摇欲坠。

国家也如此。中国从 19 世纪中叶以来，饱受东西方列强欺凌，也是源于清朝政府的老化；美国近年也已老相毕露，对世局的演变有点力不从心，难以应付。于是在社会上以及国际上，常因小波动引致大不安，这就是一个国家开始老化的征象。

二、支系统失衡造成的不稳定

一个系统，在老化后固然会有支系统失衡的情形；但有时，即使是一个新系统，也可能由于其在发展过程中不慎造成各支系统间的失衡，无法长保稳定。在日常生活中，我们常见到一张桌子或书架，由于一只脚太短，就会摇晃不已，或因一只脚断裂而倾倒，这是最简单、明显的支系统失衡现象。

在生物世界，我们常会看见在悬崖峭壁上一棵棵孤松横空而出，这些孤松生根于石缝之中，所得营养极为有限，因此枝叶并不繁盛。同时，以石缝中的几条树根勉强维持树身不会坠岩，实在寥落，日久就不免断裂。这些孤松如能持久，就会特别地引人注意。

在社会系统中，类似的例子更多。一家公司如果只重销售，而策划及创新的支系统太弱，就不能经常随市场的需求而改变经营方向，如此则多半不能度过市场的多次风暴。更有些公司如只知安插私人，而不知引用人才，则其人事系统太弱，更不能长久。

国家亦如此。中国在民国初年，军阀乱政。可见一个国家如只有军事这一个支系统占尽所有资源，则国家难免政治混乱、民不聊生，不能长治久安，更不能抵御外敌。事实上，资源非但不能由一个支系统独占，也不能有不合理的分配。如果有一两个支系统得到过多的资源，则其他支系统必然资源不足，如此则整体的应变能力就会受损，而且会导致人心不平，更是大忌。

美国虽以民主、平等、自由为立国精神，但在国力强盛后，国家开支浩繁，于是资源分配就不免受各个利益团体的游说和干预。政客为了竞选，要靠利益团体支持，实际上民主已虚有其表，各支系统的资源分配已严重失衡，国家老化，衰象已露。

外来压力造成的不稳定

有时，即使系统本身很健全，但如果外来的力量远大于系统所能承受的程度，系统也会发生不稳定现象。

自然世界中最明显的例子是天灾，如大地震或火山爆发，无论一栋建筑有多坚固也难抵挡。如 20 世纪 90 年代日本的阪神大地震，钢筋、水泥大楼也被压成一个大饼；洪水或海啸也是一样——中国的黄河及长江常有大汛，无论政府与人民如何努力防护，总难免自然灾难的发生，人力所及只是力求减轻灾情而已。日本福岛核电厂在 2011 年海底地震海啸后辐射外泄，更突显出一个系统很容易因外来的压力而发生致命的不稳定。

歧路选择的不稳定

一个系统在因应变局时，常会面临抉择，如何决定会影响系统的存亡兴衰，下面是一些例子。

一、群众集体反应现象造成的不稳定

群众集体反应现象所造成的不稳定又分为两种：一种只涉及群众是否参与；另一种则涉及歧路的选择，其后果是比较突然的转向，风险颇大。现在分述如下。

（一）群众盲从参与

在自然界，群众自动集结的例子很多：候鸟（如大雁等）集体随气候而迁移、蚂蚁为觅食而大队出动、萤火虫为求偶而同时发光、不同种的小鸟也会集体合作觅食，这些都属于“集群行为”（Herding）。其本身并不会造成不稳定，但集群以后如有意外，或领导做了错误的判断，大队行动很难改向，就会引致严重的后果。

这种群众盲从的例子很多：美国西岸加州的国王港（King Harbour）是一个小河港，2011 年 3 月的一天，突然由海上来了大群小鱼拼命地向港内冲，层层叠叠地挤在港中，最终竟因耗尽水中的氧气而死亡。本来，小鱼群可以吓阻大鱼，但这些小鱼却因盲从大群，一旦大群起动则很难回转——领导判断有误就会造成大批小鱼的死亡。

另外，在北欧的挪威，有一种叫作旅鼠（lemming）的鼠类，常会大群冲向海边的悬崖坠崖而死。这些旅鼠很小，虽然只有三寸到六寸长，但生育力很强，怀孕期仅要二十天，一年可生七胎到八胎，每胎可有十二子，而且幼鼠在出生后二周至四周就可以交配。不过，它们是鸟兽的美食，死亡率也高，二者相抵，一年内"鼠口"仍可增加十倍，因此它们每四年就必须大移民。它们大群地跟着队伍前进，上山过河，勇往直前。不过，这些旅鼠大多年龄不大，涉世不久，经验不会太丰富，领队的判断力也有限，如大队走到海边，也可能以为是河流，一样跳下去。只是大海无边，这些旅鼠大队盲目地跟从领队，只有全体牺牲。过去大家以为旅鼠是"集体自杀"，却颇难言之成理，恐怕"领队无能"更为合理。

类似旅鼠的大群死亡也非孤例。2014 年 5 月 13 日，中国新疆维吾尔自治区呼图壁河旁，在一个悬崖之下，当地居民发现有四十四头羊坠崖而死。据说领头羊带着羊群准备下去喝水，途中突然刮起一阵风，领头羊坠至山崖下，其他羊也就跟着跳下山崖。当地居民还说，在过去十一年已发生过三次羊群盲从头羊坠崖的事故。可见在动物界，羊也会盲从领队，并不限于旅鼠和小鱼。

上文所述，大群小鱼拥入小港或旅鼠与羊群坠崖，都可归咎于领队领导无方。同理，在人类历史上，无能或疯狂的统治者导致亡国灭种的先例也有很多，相较于小动物，可能更为愚蠢而悲惨。

此外，在人类而言，群众的举动也常在危疑之际造成鼓噪，进而招祸。笔者在全民族抗战时期曾避难于四川万县，由于日本对中国后方进行“疲劳轰炸”，所以大家日夜“逃警报”，很多人露宿街边，身心疲惫；有一晚突然全城鼓噪，纷纷传言有“阴兵”过境，导致大家人心惶惶，几乎出事，这也是一种群众盲从。

（二）广告“以少引众”

在美国广告界，有一个有名的“以少引众”的例子：

纽约市东城苏荷区（Soho）是艺术家聚集的地区，也因此是时尚的前卫地区。1994 年，有十几个少年不知何故，穿起了老式的暇步士（Hush Puppies）软鞋招摇过市，引起其他少年效仿。这些穿老式暇步士的少年碰巧从一些艺术家眼前走过，引起大家的注意，经媒体传播，这股老式软鞋风乃扩散到全纽约，由纽约又轰动西海岸而至全国，成为一时之风气。那时，暇步士早已过时，每年只能卖出三万双，厂家已打算停产，突然发现销路大增，遍及全美国。暇步士的营销量在 1995 年一年之内竟增加了十倍，这完全出乎厂商的意料。此事也就成为广告业课程的经典案例。

“以少引众”是广告界的基本手段，其不但可用在货品的推销上，也可用在政治选举上面。在美国，从 1960 年肯尼迪以操纵媒体竞选成功以后，1968 年尼克松吸取上次输给肯尼迪的教训，在第二次竞选总统时，选举操盘人员干脆就以推销商品的方式，把总统选举定位为一种营销手段，毫不讳言。选举由两位广告专家操盘，后来此二人还成为尼克松白宫的重要亲信幕僚。有一本书《总统的推销》（*The Sale of President*，1968，by Joe Mc Ginness）曾畅销一时。从此以后，美国不论是何人当政，白宫幕僚中一定有广告及民意调查专家参与政策的取舍。

后来学者分析，要达成此种“以少引众”的功效，必须有三个要件：

1. 要有一个领导核心。
2. 这个核心群中，必须有几个交游广阔的“意见领袖”。
3. 群众要有“人心思变”的期盼。

所谓“意见领袖”就是专栏作家、电视名嘴等，甚至还包括社会上的“偶像”（如影艺界及运动界的明星）。在今日的电子时代，传媒则可由“脸书”或博客、短视频平台等担任。社会大众通常追求时尚，很多人只是盲目地唯时髦是从，容易为“偶像”或宣传所利用，随众起哄。所以，美国今日广告时代所选出来的总统，有些虚有表象，实际上却是无才或无德，并非贤能之人。这种民主实在就是民粹主义，并非真正的民主。

二、群众面临的歧路抉择

“以少引众”现象如果又涉及“两极选择”，其效应就更为强烈。当一群人或动物在面对一个新局面且要作出抉择时，常无法决定，而且后果越严重抉择越难，在犹疑之间，最后就会跟从大众而行。基于心理因素，群众在面对“两极选择”时，其心态是又爱又怕，非常矛盾的，因此一点小冲击就可能在攻守两极间突然转变。一个大群在危疑震撼的时机下，其冲击力会越滚越大，而且其动量亦随之加大，难以转向。结果是大群盲目地向前冲，即使悬崖亦不能勒马，大家同归于尽。

群众是由很多个体所集成的，为了了解个体对这种两极走向的心理效应，达尔文曾对狗做过一个有名的实验：通常你若对狗威吓，这条狗就会贴耳垂尾，表示惧怕；你若对狗畏畏缩缩而又激怒它，则狗就会竖耳、翘尾，准备进攻。但若你对这只狗逗逗又缩缩、又凶又怕，则狗会不知所措，其肢体语言所表示的是既俯耳又竖尾，表达出矛盾的心情（图 8-1）。在此种情形下，狗的内心天人交战，是攻是逃完全无法预料，

图 8-1　狗在惧怕与愤怒间挣扎 [来源：里维埃先生（公共领域），引自维基百科]

它可能夹尾而逃，也可能会直扑而来。因此，这只狗在两种力量的不稳定下越陷越深，最后无法平衡，只能在两种选择中择一而行。

在人类社会中，狗的这种行为也可能发生在处理一个不易平衡的局面时。其例子很多，包括股市、群众运动、军事等其他领域。

中国历史上有名的“淝水之战”，前秦的苻坚以号称百万之众，竟败于东晋谢玄数万之师，就因为苻坚当时在淝水岸边为谢玄所激，下令部队稍退，以便晋军渡河会战。而苻坚军中的东晋降军在朱序的领导下，散布“秦军败了”的流言。当时，前秦军中有很多是降兵，人心浮动，本来就在从秦从晋之间犹豫，一听流言，纷纷后退，一发而不可收。苻坚因此大败。这是“以少引众”造成两极反应的重要例证。

在群众运动中，常会遇到警方与游行群众对峙的局面。虽然领导者只希望以此要挟官方，但群众的情绪则很希望能一举突破军警的围堵，领导者常面临是攻是守的决定。同时，军警也面临防堵宜轻或宜重的抉择。此时双方都面临严重的歧路抉择，而群众情绪高涨，极易失控；一旦群众遇到刺激或鼓舞，突然选择冲锋，就会很难转圜，后果非常严重。双方一旦发生暴力冲突，就会影响双方的成败。在历史上，法国与沙俄时代的大革命，竟因此颠覆了两个大帝国。

当一个系统面临变局，必须对前途有所选择时，主持人必须决定究竟是要勉强维持现状，还是要改变路线。为了暂时的平衡东添西补，有时反而更增加其不稳定度：一旦稍微向一方倾斜，即会整个倾倒；如果突然改变方向，又不免会有内部不稳之忧。

美国尼克松总统主动与中国交往，当时中美两国就是做了一个突破性的选择，事实证明这是一个成功的选择。

中国台湾内部的政局亦复如此，只是有些短视的政客仍然以卖小聪明及小动作为计，仅求侥幸取胜而不求长治久安，常常利用群众心理，哗众取宠。只怕哪天群众在不稳定的情况下，一旦失控，会突然向玩弄群众的政客反扑，则玉石俱焚，为祸大矣。

股票市场在行情过于飙涨后会有突然的人人抛售现象，造成“崩盘”，也是群众集体冲动的现象。但股票市场的变动是供需两面的互动，需用图表讨论，单独在下文详细探讨。

供求关系的互动

一个系统在吸收外来的资源后，即将其消耗，作为生存或做“功”之用。例如，树木吸入太阳能，经过光合作用转为糖或淀粉，再经氧化转而作其生存所需之能：狼群以捕食小动物为其食物以维持生命，小动物的数量与狼群所需的食量，分别为供需两面；一个学校中的某一学科，收入学生加以培养，而毕业学生则加入工作行列，这是技术人力的供求两面；在市场经济中，供需定律是影响市场盛衰的关键；在物理系统中，如水泵打水，对水而言，“收入”为水泵的压力头，而“消耗量”则为打水上扬所做的功；在一个传热系统中（如核能电厂的安全运转），则加热及冷却为其供需两面，这些都是供需之间的互动。

一、市场的供需互动

无论哪一种系统，其供需两方若是平衡，则一切稳定；若是供需不平衡，则相差之处即可能造成其构成分子相互关系的波动。狼与兔的数目不平衡，会改变狼群的增长率；学校中的学生若与人力需求不平衡，就会造成这一行业的薪水起伏，甚至失业；在市场经济中，供需相差即造成价格的上下；在水泵这个例子中，若泵的水量大于消耗量，就会造成水流流量的改变；在电厂的传热系统中，加热与冷却之间调节，是用以维持其温度安全及有效的状况。

股票市场也是供需互动，而在股市稳定运作时，我们可以把市场的资金看作购买股票的资源，用图 8–2 加以解释。

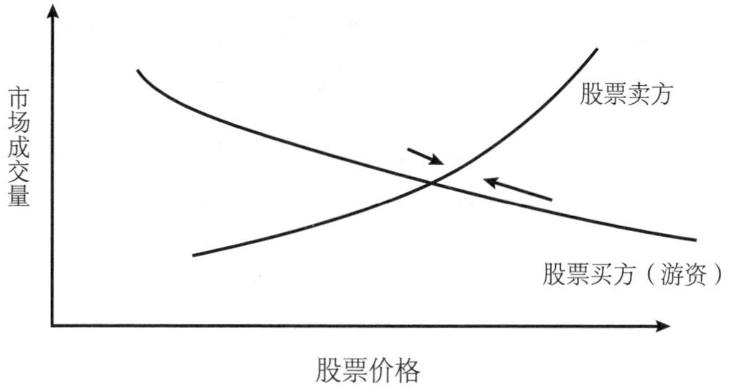

股市正常操作状态（注意：箭头指往中间的“稳定点”）

图 8–2　股市正常运作情况，涨跌均归向“稳定点”

如我们在交叉点左边，买方的资金高于卖方的需求，股市上扬，箭头向右；此时股市如果上涨到超过交叉点，股市发现游资已低于卖方的要价，股票回跌，于是箭头向左。如此则股市小涨小跌，徘徊在交叉点左右，这就是股市稳定运作的态势。图中两个箭头都指向交叉点，此点就叫“吸引点”

（attractor），此点有如高尔夫球的“果岭”地形，如果球洞在一个凹处，球就能自行进洞。这凹处相当于一个山谷或是碗底，一个圆球无论如何滚动，只要是在此谷底周围的坡上，最终都会回归到谷底，这个洞就是一个“吸引点”。

我们碰到“牛市”时，股票大涨；“熊市”时，股票大跌。在狂涨的时候，股民中会有两种反应：一种是股市老手，他们已经在此“牛市”赚够，现在居安思危，打算全身而退。但这个狂涨的“牛市”，却已引起社会大众的兴趣，纷纷筹款进入市场，其中有些还真赚了一些；如此就又有些业余投资者大批加入，此时股市可再上涨，有些人也开始怀疑是否应该见好就收。但是，人总有一些贪念，总想再试一次。此时，这些冒险家的心态，就与我们在图 8-1 中那条内心矛盾的狗一样：人人想退又不愿退，此时股市只要有一点小跌，人人就急着抛售，从而股市狂跌，就造成“崩盘”。这种群众反应失常的情形，我们可以用图 8-3 加以解释。

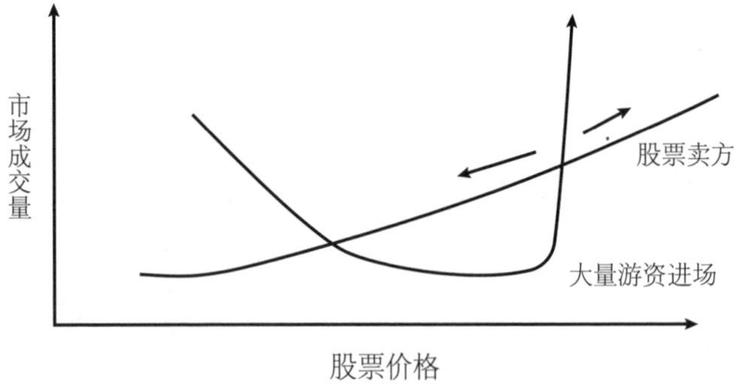

股市在大量游资涌入市场时，运作失常（注意：箭头往两方，无“稳定点”）

图 8-3　股市失控涨停板情形

但是，图 8–3 的情形与图 8–2 的情形完全相反：如股市在交叉点右边，由于大量游资进场，供高于求，箭头向右，股市因此大涨；如股市在交叉点之左，求低于供，箭头向左，股市因此狂跌。所以，股市出现在左会越左，股市出现在右会越右，背道而驰，却不会安定在“交叉点”，所以是“不稳定点”，亦叫作“排斥点”（repeller）。此点有如在高尔夫球场，其洞在一个突起的“排斥点”。

“排斥点”是造成两极走势的点，基本上就是在剧变理论中的剧变之点；而造成之原因，是由于股民不稳定的心理态势与股市以回馈方式互相影响，放大了不稳定效应。为了防范股市失控，股票交易所在股市涨跌过度时，就会暂停交易（所谓的“跌停板”“涨停板”）。不过，这种短期变动失控并不能与基本供需关系的互动混为一谈，即使有时会与基本失调刚好碰在一起，也只能说是本来基本面已经到了必须调整的阶段，股民的冲动反应只是压倒骆驼的最后一根稻草而已。

长期大幅度的失控，就要靠金融管制机构的审慎调节，如房屋市场的泡沫化，就是基本供需失调。美国在 2008—2010 年间大崩盘便是基本供需失调的例子。其原因是联邦储备系统在 2008 年的前几年，为了维持市场繁荣的表象，过于放松金融市场上的资金供应，乃导致 2009 年以来的经济大危机。这个大崩盘对美国国力及人民的自信心影响很大，我们还需多加讨论。

我们先从经济的基本面谈起。一个经济的兴衰与经济的购买力有基本的关系，美国在“二战”与朝鲜战争后，人民休养生息，在1950年有一个巨大的“婴儿潮”（Baby Boomers），造成美国人口激增。

美国在20世纪人口有几次大的升降，人口每隔几十年就会因大量婴儿的出生而有一个高峰，此种高峰通称为“婴儿潮”。美国在20世纪就有三个高峰，其中以20世纪中叶的潮头最大最久，据说是因为“二战”出征归来的军人所造成的。这几波人口大潮，使美国的消费人口大增，消费增加就会推动股市上升。

根据经济学家的理论，一个人在46.5岁时的消费量最高，所以经济学家把美国的人口出生曲线往右移了46.5年，再与股市的道琼斯指数相叠，竟完全吻合，见图8–4。

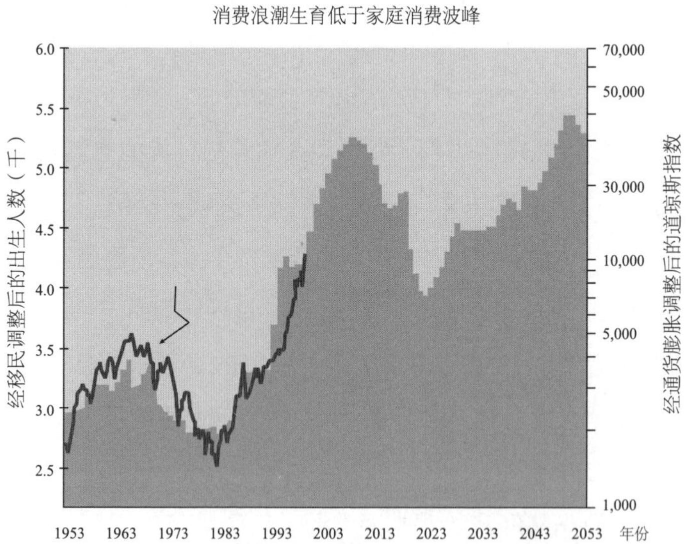

图8–4　股市的道琼斯指数与人民消费曲线比较

此图看起来非常令人惊服，但是股市与一国经济牵涉很多。虽然人民消费量一项确实很重要，但也不可能成为唯一的重要因素。所以，下面的讨论虽颇有趣，但也只能作为参考而已。

如果股市与人民消费量真如图 8-4 所示，这就表示在 2008—2009 年应该是巅峰时期，但 2008 年中期房市大崩盘已经发生，此点如何解释？笔者认为：一则经济理论不能与科学理论相比，只有一年误差，已经不错了。二则股市、房市的节节提升，是拜美国联邦储备系统（简称美联储）的货币宽松政策之赐。美联储那时的前后两位主席一直把利率压在 2%~4%，所以人民能以低利贷款从事股市、房市的投资，因而造成经济繁荣的假象，因此一旦崩盘，市场就又回到人民消费决定的基本盘了。

但根据美国知名经济学家哈里 · S. 登特（Harry S. Dent, Jr.）的理论，在巅峰时，道琼斯指数会高达四万点，而实际上，在 2014 年也只有一万六千点。可见人民消费量作为基本因素，固然有其重要性，但经济问题错综复杂，不能只看一方面。我们可以说，如果市场不顾基本面的限制，一意以人为手段勉强支撑，早晚会垮，而人民情绪的两极反应，会使崩盘更为剧烈与痛苦。

市场大崩盘现象在股市中已发生过多次，除上述 2008 年的房市大泡沫外，最令人难忘的应是 1930 年的大萧条，全球受害。但历史上最特别的应数 18 世纪时荷兰的郁金香市场大崩盘：当时，荷兰举国为郁金香而疯狂，大家竞相培植特别的花种；每有一支名品，大家即哄抬竞价，后来竟哄抬到一花贵于一屋的情形，结果以崩盘告终，而荷兰也因此有很多人破产。

供求的调节有点像小孩荡秋千，小孩知道在秋千上何时蹬脚可以控制秋千：如在秋千上扬时蹬，可以减低荡势，而在下荡时顺势下蹲则可加强荡势。小孩虽未读过控制工程理论，但在荡秋千时却暗合控制理论，知道如何及时测知振荡的趋向，按情形适时地加强或减低其荡势。只是，小孩控制秋千颇为简单，股市则像全国投资人在一个庞大的秋千架上各行其是，秋千就很难控制了。

一个市场的大小也会影响其稳定性：市场越大对小振荡的反应越慢，而调节也较慢，所以比较不会脱离稳定运行；而一旦有振荡，也比较难回稳定的状态。中国台湾是个“浅碟市场”，容量不大，所以更易受大波动的影响；反之，一个小市场较易发生振荡，却也较易控制，这就是所谓“浅碟经济”的利弊。就像一艘大游轮，不大会有颠簸，但在紧急时，大游轮却也比较难于回归正常。2012 年 1 月 13 日，哥诗达协和号（Costa Concordia）在地中海触礁沉没，就是因为当其偏离航道后无法及时校正，最后酿成了悲剧。

二、工程系统中的不稳定现象

工程系统中，在某种情形下，会因各种内外因素的干扰而发生不稳定现象。例如：

1. 飞机失速（飞机爬升角度太陡时会失速下坠）。

2. 水泵失压（汽车冷却水泵会因气泡而失去功能）。

3. 电力中断（如暴风雨中供电中断，有时一个变压站受雷击，会造成数地停电）。

4. 轮船遇风（如台风海难）。

5. 核电厂失去冷却水（如 1979 年美国三里岛核电厂失控事件）。

为预防各种不稳定现象，各科工程均有控制工程专业，由于技术性太高，故不赘述。

三、供需波动的相互调节

小孩有一种运动，就是在一个有弹性的帆布网上跳跃。如果几个小孩各自乱跳，帆布网只是高高低低，不会有很大的振动。但如果所有的小孩同步跳跃，而且跳跃的频率与帆布网同步，则这个网的振幅就会越来越大，这种现象叫作

"共振"。假如共振持续下去，就有可能把网振坏。

此种现象在物理系统常会发生，有名的塔科马大吊桥（Tacoma Bridge）即是一例。这座位于美国华盛顿州的大吊桥设计坚固，却容易在风中振荡。它在 1940 年由于一次大风造成大幅振荡，而且大风造成的振荡频率又刚好与桥本身的自然频率相同，于是越振越大，终于将桥振断。军队在通过吊桥时必须用散步，不准齐步行进，也是为了避免共振。我们可以用供需两条曲线来解释：互动时如两者是同步，就会有共振作用，且越振越大；如两线相反，则有遏制作用。

社会系统虽也有波动，却并非一定有一个天然频率：农产品的价格会有季节性波动，较易预估及调节；而如人才需求，就难预估了。

（一）人才的供需

在前面我们讨论过市场供需关系，其中所涉及的是供需两面，供是供应（supply，S），需是需求（demand，D）。供需关系决定市场价格，这观念除应用于商品外，也可以应用于人才的供需上：薪水相当于价格，也是市场价格的一部分。不过，人才的培养需要时间，一个大学工科学士的养成要花四年时间，博士则至少在高中毕业后七年甚至更久。所以，若学生与学校是依据今日之需求情形来决定培养的人数，而人才则要等到数年以后才能供应到市场，届时人才供求曲线可能早已改变。我们在前面所谈的都是假定供需曲线并不以时间的改变而改变，而事实上时间这个因素亦应考虑在内，如此则供求者就成了一个三度空间，情形就比较复杂了。

人才供求的时间因素有一个很好的实例，就是美国太空科技人员的供求。在20世纪50年代末期，美苏开始太空竞争时，苏联领先，美国为了急起直追，大量扩充太空科技的研发经费。与太空有关的人才奇货可居，薪水直线上升，这种殷切的人才需求形成很强的诱因，吸引了很多年轻人选择太空科技为其专业。而太空科技的专业程度很高，通常必须有硕士或博士学位，于是美国各校纷纷成立太空科技或航天科技的学科，大量招生：一则可以满足学生的要求；二则也可争取研发经费。但是，大家忘了太空科技的人才需求终也有个上限，每年有大量新人加入阵营，却很少有人退出（因为此门仍属于年轻学科，从业人员也较年轻，新陈代谢功能不彰）。所以十年不到，由于经费快速膨胀时期已过，人才又已有相当的累积，而同时学校数年前所收的学生正在出炉，因此供求关系主客易位，造成很多新进人员失业。可见供求曲线随时间改变的关系，仍须特别注意。

同样的情形发生在核能工程人才的供求上。20世纪七八十年代，世界各国都在大力推动核能发电，尤其注重核能安全，导致核能工程人才供不应求。于是，各国大力培养核能工程人才，很多学校开设了核工系。但好景不长，美国三里岛核电厂与乌克兰的切尔诺贝利核电站先后发生意外事故，导致核电工程人才的需求在短期激增后突然一蹶不振，各校陆续关闭了核工系。到 2010 年左右，核能需求抬头，人才又感不足。由以上两例，可以看出人才供需的调节并不容易。

一个比较合理的做法是，将供求两项按上章的成长曲线加以考虑。由于人才或商品的供给通常落在需求之后，所以两个成长曲线会有一段时间上的平稳，一般在早期是求过于供，而在衰退期则为供过于求——在人才供需上，必须将长期的走向也列入考虑范围，如图 8–5。

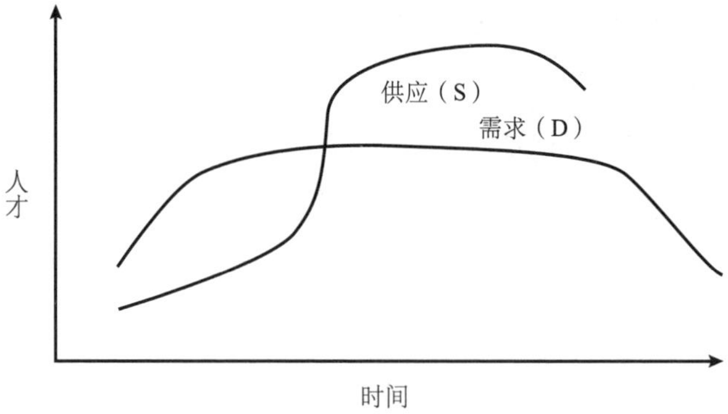

图 8–5　新科技事业人才供求互动图

中国台湾社会颇为迷信，大家都希望有“龙子、龙女”，每逢龙年，婴儿出生率就特别高。六年以后，这个婴儿洪峰就变成小学入学的洪峰。以往台湾教育主管部门有鉴于此，预做准备，在龙年就开始增加小学老师的师资培训，以应对六年后的入学潮。

（二）狼与猎物之关系

在一个岛上养了一些狼与小动物（为方便叙述，小动物即以兔子为代表），兔子乃成为狼的猎物。狼与兔的族群头数互为消长：若那一年狼口繁盛，兔子被猎殆尽，而兔子减少则狼缺少食物，其族群也减少；但狼减少后，兔子被猎者减少，兔子又得繁殖。以上为猎者与猎物的关系，而且是高度简化的关系。不过就此而言，我们也可以用供求图加以表示，如图 8–6。

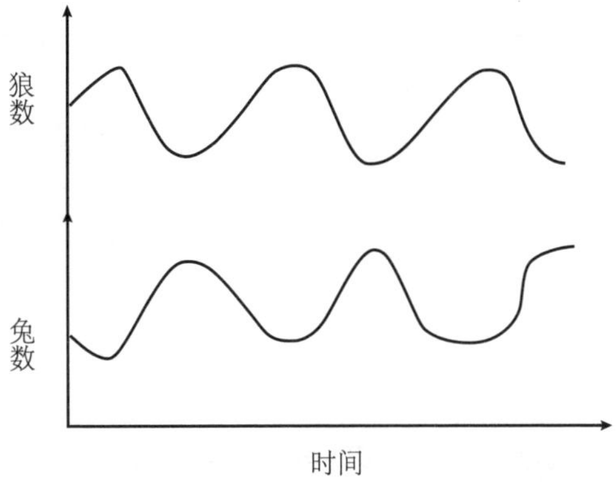

图 8–6　狼与兔间的数目互为消长（如两者均无延迟反应）

在此图中，我们若以狼为讨论的主体，于是兔数可看作食物的供应线 S，狼数为食物需求线 D，而横轴则为时间。如果狼数与兔数之消长是立即的反应（我们称“无延迟反应”），则狼的增加亦即兔数的减少；狼数长得越快，兔数减得越快，两者可应用二次方程曲线代表。狼兔二者互为消长，在岛上若无外力介入，而二者之间的增减又是立即反应，如此则一增一减，其反应如图 8-6 所示，两条曲线应该互成对称，即高低刚好相反。

但事实上，狼数增加固然可以直接减少兔数，但兔数减少对狼数的影响要等第二年幼狼出生或老狼饿死时才显现出来。由于狼口增减有延迟作用，而使狼数的曲线向右移动。所以如图 8-7，上下两曲线就不是完全对称，而是互相错开的。

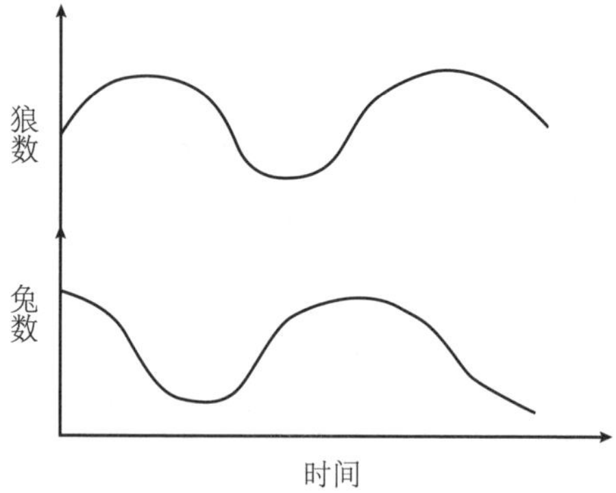

图 8-7　狼与兔相互消长间有延迟反应

这个曲线除猎者与被猎者外，也与前述科技人力的消长类似。而在这周期的消长关系中，若延迟反应的时间与周期刚好相同，则由于共振效应会将其振幅加大，甚至造成不稳定状态，这种分析与工程中的系统控制很像。

总而言之，供需调节实在是一个控制工程的课题。要维持一个系统的稳定运作，我们必须具备三个要素：

1. 失控警讯的及时侦测。

2. 振荡遏止机制的及时启动。

3. 遏止机制的随机调节。

其中，遏止机制的强度与时机的选择，必须先把这个系统的惯性及响应延迟（response delay）考虑在内，遏制机制太晚或不足，其效果就等于零。尤其要注意的是遏制的频率不能与系统的振荡造成共振，如果发生共振，其后果便是火上浇油、过犹不及，比没有还糟糕。

另外，如果供求反应调适得当，一个系统就能稳定运作——我们人体的中枢神经系统就有此奇妙的功能（图 8–8）。

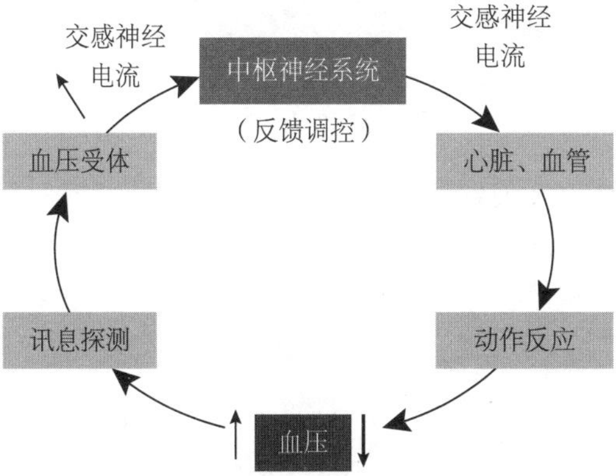

图 8–8　中枢神经系统对血压的调控（来源：钱煦）

一个系统存在一段时期后难免会衰败，甚至消减，否则世界上将有长生不老的系统。而我们遍观古今，似乎很难找到长生不老的系统。系统的衰败不外为内力及外力所成：内力是由于系统的成员以及架构均会老化，以致无法应付环境的改变；外力则因为任何系统都须吸取外面的资源（如能源、空间、市场、人力等）——而外面的资源早晚总要用尽，即使不用尽，若有其他系统亦在汲取同样的资源，则必然会有竞争；若竞争不过，则不免自行灭亡，或者为其他系统所吞并。

第九章

系统的衰退和社会的老化

老化

关于老化，我们可分为成员或组成设备的老化、功能架构的老化，支系统间信息及资源失去沟通、资源分配的失衡、废料与冗员的累积以及观念的老化。

一、成员或组成设备的老化

无论是有机系统或是无机系统，都会老化。若我们所指的是有机体的系统，就组成的有机体成员而言，都会有其生理上的老化：人员会老化，树林的树木会老化；而就组成的设备而言，若是生物，则其内部构造会老化、细胞也会老化，比如血管会因胆固醇升高、沉积而阻塞，骨骼会因钙的流失而变脆等。若这个系统的组成设备是无机体，则这些组件也会因使用太久而老化，其中包括腐蚀、脆化，因残留的沉积物而阻塞管路，或因弹性疲劳而断裂，等等。

二、功能架构的老化

至于功能架构的老化，则即使每一组件仍完好，但因其功能架构已不足以应付新的环境，这个系统也就失去了生存的功能或效率。例如，计算机，若其主板已经过时，其存储空间已经不足，则这个计算机已不能适应新的要求；再如一家工厂，其旧式的模拟式仪控系统，就不能满足目前数字式的需求；又如一个政府，若其中部门间的功能及关系是为数十年前的需要而设计，在今日高度竞争的时代，这些老单位即使其人员都很精壮，也不能发挥高效率。凡此都是功能架构的老化。

三、支系统间信息及资源失去沟通

支系统间信息及资源的沟通也很重要。一个系统的有效运作必然需要各支系统间能灵活配合，资源与信息能互相支持。但是一个老化的系统中，各支系统上下左右之间的沟通会在有意无意之中减弱，甚至断绝，这种信息及资源失去沟通有各种情形：

1. 各单位间的沟通或交换机能的老化或过时：例如，公司各单位间通信机能的老化；首脑失灵，无法与各部分联络；人体耳目失灵；血管阻塞，养料无法输送各处；国家中央与地方因交通不便而失联（历史上的大帝国常有此困难）。树木枝干破裂，水分不能分送；江河因淤塞，以致下游水流枯竭等。

2. 各单位本位主义，阻搽与上下及其他单位的沟通（在一个老化的国家或公司，上下交相蒙蔽是常有的弊病）。

3. 各支系统不愿将多余的资源或信息与首脑或友邻单位分享（本位主义），造成荣枯不均。

四、资源分配的失衡

资源分配的失衡通常指系统未能配合外界需求的改变，从而调整内部各支系统的功能与资源的分配。虽然一个系统在初期时为了迎合外界的需求而设计，但是内外环境不会始终不变，对各项供应需求也会逐渐演变（如门市销售已不如网络购物）。如果服务与供应系统不能随任务需求之改变而调整其内部的功能及资源的分配，则其各支系统的功能与资源就会有过多或过少的现象；过多是浪费，并会导致废料与冗员的累积，浪费只会导致效率的降低，而废料与冗员的累积，更会促进老化，甚至对系统造成伤害。例如，奥斯曼帝国，过分偏厚其“新军”，浪费资源，以致国家无法负担。事实上，美国现在的军费负担也太高。

五、废料与冗员的累积

在系统中，废料和冗员若加以累积，会造成危害，多半要加以排除或处理，比如人体或工厂的排放物、核电厂的核废料。废料与冗员累积所造成的伤害有很多例子：在无机系统中，江河中所附带的泥沙会造成河床的淤塞；岩石的分子所吸附的水分会造成岩石的风化；工厂排放二氧化碳会引起“温室效应”。

在生物系统中，胆固醇过多，会使血管阻塞；癌细胞也来自迅速累积的无用细胞。

在政府单位中，很多机构本是应某种需要而设；但在任务已经完成后，所设的单位与人员却继续保留，就造成一批冗员。冗员中安分守己者，已是国家财政的负担；另有一些不安分者，无所事事，更会在内部兴风作浪，影响机关士气与效率。又如，中国古代列朝，立国越久，冗员越多，终不免将国家拖垮。

不过，废料如善加利用，或能应对外界的改变，反而会变成有用之物。这个我们会在第十二章加以讨论。

六、观念老化

再就观念老化而言，若是一个机构其运作及指导精神仍是根据早期初创时期的情形发展出来的，现在对一个庞大的企业也就不合时宜。事实上，一个企业机构由创办到成长、成熟、老化，每个阶段都有其特殊的问题及特殊的需要，一时的良策可能是另一时的毒药。有人把一个企业的成长过程分成下面几个阶段。

（一）草创期

这时的领头人多半是创业者，甚至是一位发明家或技术人员，有其开创的魄力及理念，有时即使有点理想主义亦不为过。此时一切以创业为先，有冲劲、有想象力、不太注意细节。规模越摊越大，不必也没时间去顾及巩固后防，对会计、人事不太注意，即使员工有小缺点，只要能冲，也可包容。

（二）成长期

此时立足已稳，一切正在成长，领导者所要做的就是站稳脚跟，逐步开展。由于仍在发展中，即使有小的亏空，也易与已发展的新地盘抵消，人员均有发展前景，不必太担心升迁，更不会担心有人会阻塞升迁渠道，人事之间的倾轧亦少，这时主管是有远见的策划人才。

（三）成熟期

此时机构已经大致定型，不太有扩张的空间，生产技术也已很难大幅创新，很多早期创业者多已身居高位，认为系自己过去成功的做法使企业发展到今日的局面。所以，尽管仍然由老伙伴、使用老招式应付一切问题，且表面上公司仍很健硕，但实际上败象已露：人事管道已经为上层所阻塞，下面的年轻人才眼看前途尚需长期等待，有能力者早已离去，剩下者比较保守稳健，总以墨守成规为要务。当年意气风发的时代已成为过去，整个系统已失去了创新的精神。

财务方面，由于公司不再扩充，所以渐渐要注意量入为出，做事也就多了掣肘，这时领导人必须是一个守成的管理人才。但事实上，他仍是有梦想的创业家或有前瞻性的策划家，这种情形下，观念就可能已经不合时宜。

（四）衰退期

此时由于以上所述人员、架构、观念的老化，企业已失去了竞争力。为了谨防财务赤字，一切必须严加管制，领导者不得不重用财务人员及会计师，公司中的技术人员及策划人员觉得不能伸展，导致人怨日深，士气低落。

（五）衰亡期

此时创业第一代或已老化或已死亡，第二代又不知道创业的艰辛，为了控制财务，开始集大权于一身，已经毫无士气；而在上位者仍骄傲自大、刚愎自用，上下异心，但为了防备公司为“敌方”偷袭，或为防止下属的背叛，对内外都不信任——此时最被重用的是法律人员及“情报人员”，到此阶段，公司覆亡只在早晚而已。

与以上所述相类似的观念为米勒所提出：一个企业组织有七个阶段，其领导者依次为 1. 预言家；2. 野蛮者。3. 建设与探险者；4. 行政者；5. 官僚；6. 贵族；7. 综效者。这个分法与上面所述大同小异，只是其 1、2 阶段相当于前述的草创期，第 3 阶段相当于成长期，第 4 阶段相当于成熟期，第 5 阶段相当于衰退期，第 6 阶段相当于衰亡期。不过，米勒氏又加了个第 7 阶段，以求综效者能接收残局，将组织加以改革，以求再出发（这一阶段我们在第十二章也将多加讨论。但是，由于衰亡这一阶段也很重要，值得做较深入的探讨，所以我们下一章会先谈“衰亡”）。

在我们的供需公式中，“可利用的资源”一项是指尚可使用的资源。这本来是表示资源上限减去生存所需资源所得的净值，但由于系统老化，效率一定较以往低落，为了维持其生存，每个成员所需的平均资源将大于初创期，所以成长曲线也会减缓，甚至下降，而且此现象应是随这个系统的老化程度而恶化，如此则衰亡得也就越快。

外来竞争

任何一个系统，其所依赖的资源都有一个上限（见第二章），但是世界上不论能源、土地、人才、资金、空间、原料等都有其极限；而世界上有很多大大小小的系统都或多或少地依赖这些资源，所以在资源的极限范围内，大家还须竞争，争取这些资源。效率高、竞争能力强或有天时地利之便的，就占优势；天、地、人（代表竞争力及效率）三者居弱势的就只能占到较小的资源，于是也就提早衰亡了。

就失去竞争力而言，我们有很多例子。一个是中国在19世纪对欧洲失去竞争力，另一个是英、美炼钢工业对德、日失去竞争力，再一个是美国汽车工业对日本失去竞争力。首先谈中国在19世纪与欧洲生产能力比较，见表9–1。

表9–1　中世纪以来世界各国经济力之比较（%）

国家 / 年份	1750	1800	1830	1860	1880	1900
（整个欧洲）	23.2	28.1	34.2	53.2	61.3	62.0
英国	1.9	4.3	9.5	19.9	22.9	18.5

续表

国家 / 年份	1750	1800	1830	1860	1880	1900
哈布斯堡帝国	2.9	3.2	3.2	4.2	4.4	4.7
法国	4.0	4.2	5.2	7.9	7.8	6.8
德意志诸邦 / 德意志	2.9	3.5	3.5	4.9	8.5	13.2
意大利诸邦 / 意大利	2.4	2.5	2.3	2.5	2.5	2.5
俄国	5.0	5.6	5.6	7.0	7.6	8.8
美国	0.1	0.8	2.4	7.2	14.7	23.6
日本	3.8	3.5	2.8	2.6	2.4	2.4
第三世界	73.0	67.7	60.5	36.6	20.9	11.0
中国	32.8	33.3	29.8	19.7	12.5	6.2
印度 / 巴基斯坦	24.5	19.7	17.6	8.6	2.8	1.7

这个表列出世界各国产业的相对份额，由此表我们可以看出，中国在1750—1860年居首，英国在1860—1880年居首，美国在20世纪领先。

由此表看出，中国在1750年的产业占世界之1/3，整个欧洲占23%左右，其后中国在1830—1860年急剧降到19%左右，而欧洲则跃升为53%左右。其时，中国经太平天国，国内生产本已凋弊，而英国则靠第一次工业革命及鸦片战争，逼迫中国门户大开，列强机器生产的洋货打倒了国内的手工生产业；再加上保守腐化，一蹶不振，于是到 1900 年生产额已降到 6% 左右。可当时中国人口约占世界的 1/4，生寡食众，贫穷在所难免。

美国则在 20 世纪靠第二次工业革命及第一次世界大战取代了英国，领先世界。以上两例，都显示科技革新之重要。美国在“二战”之后，挟战胜国余威，更是独霸全球。但好景不长，现在已在工业生产方面渐为别国取代，下面就是几个例子。

第一个例子是英、美的钢铁业。“二战”期间，美国作为盟国的兵工厂，大量扩充钢铁生产，而英国在战争后期已不再担心德国空袭之患，也开始大量生产钢铁。大战过后，德、日两国已被夷为平地，美、英两国可以说独占世界钢铁生产。但是，一则战时以生产为先，其设备的设计并不一定最有效；二则使用已经有年头，设备已经老化；三则这些钢铁工业领导人踌躇满志，也不想改革。再说，如此庞大的设备正在生产“金蛋”，要为了革新而拆旧厂，亦无此决心。德、日两国却在废墟中重建，所设计的设备都是最新、最有效的电弧炉，相比老式的高炉，其成本及质量都好很多。于是，美、英两国的钢铁厂失去了竞争力，纷纷关闭。笔者在 20 世纪 70 年代居住在俄亥俄州，眼看着一家家工厂倒闭，工人失业。有些工厂关闭多年，在宾州匹兹堡城有些废厂，窗子中甚至长出树来，其状实在凄凉。美国中西部以钢铁及汽车工业为主的经济亦从此萧条。

第二个例子是美国的汽车工业。美国自福特用生产带方式生产 Model-T 以后，底特律城一直执世界汽车业的牛耳，而美国汽车工业之所以能年年扩大销售量，其基本理念是压低制造成本及年年改车型，以鼓励消费者买新车。为了鼓励消费及降低成本，在 20 世纪 60 年代，财务人员提出了“计划性过时”的指导原则——汽车零件过几年就要汰换，而车型年年翻新。汽车用旧了，维修费钱而式样又要赶时髦，于是消费者大部分三五年就换车。美国汽车工业又为了迎合美国人喜炫耀的习性，车子越做越大，耗油越来越多。但是后来接连两次的能源危机，使美国人开始注意车子的耗油量；再加上经济不景气，大家也对易坏、耗油而维修费用大的美国车开始厌倦。日本人投其所好，生产省油又耐用的车子，一举占领美国市场。其中还有一个重要因素：美国汽车工业的生产线用了很多低技能的劳工，这些劳工的敬业精神不足，士气低落，常常不注意工作质量的维持，而工会却时时要求加薪。日本则使用大量机器人，机器人比人工便宜而且可靠、不会疲倦，于是日本乃能生产物美价廉的汽车。机器人虽为美国人所发明，但底特律迟迟不用，一则设备更张所费不赀，二则工会亦不容许造成工人的失业，于是因为惰性避免了短痛，却造成了长痛。

系统的衰退

综上所述，我们可以观察到一个系统老化而不愿意革新的原因在于，“既得利益”（vested interest）的包袱以及观念的老旧。所谓的“既得利益”分为“人”与“物”两种。在“人”的方面，无论是在上位者或劳工，都已将一生投注在这个系统上，现在可以安享其利益，当然不愿意改革，因为改革后无论上下，都不一定能保有现在的位子。就“物”的方面而言，一切设备的投资都很大，在初期生产偿回成本以后，每多生产一年即多得净利一年。所以除非这些设备已实在老旧，主事者都不愿汰旧换新，这也是已投资的既有利益，因为不能丢去包袱，最终都失去了生产竞争力。另一个原因是观念的陈旧，比如美国汽车工业的“计划性过时”以及中国在清朝时反对洋务维新均属此类。

“既得利益”这一观念不但可以应用于企业，也可应用于国家社会。一个国家的故步自封，就是因为既有利益的包袱太大。在国家支系统中，必有一些部门掌握资源的分配。美国哈佛大学的高勃来斯教授在其《自满的年代》一书中提出，美国社会的经济政策、国防政策、社会安全政策、农业政策等，都是在安抚社会上的利益团体：

1. 中产阶级的专业人员（科技人员、律师、会计师、医师、公务员、教师等）为投票时最有积极力量的一群，所以政策上必须维持这些人的现状。

2. 另外，社会上究竟以基层的人民大众为多数，他们的选票自亦不能忽视。于是，低收入人民的救济与社会福利，基本上要维持。

3. 老人的福利也不能忽视，使中产阶级可有个安定的晚年。

4. 工会力量强大自也不能忽视（似因机器自动化，近年已不如20世纪末那么强大）。

5. 农民控制农业州的选票，而且农产品有关民生，自也不能得罪。

6. 大财主在竞选时的大力支持最为要紧，政策上更不能不听“财神”的话。

政客为了选票，对以上这些利益团体，必须面面俱到。为求推行政令、安定社会，这些构想本无可厚非。但一直只顾及既有利益的维护，就失去了冷静的思考，也就失去了革新的勇气，民主政治变成民粹政治，而因此美国已逐渐失去竞争力，逐渐衰退。这种现象不单在美国已经相当严重，在很多自以为“民主”的新兴国家，由于尚未培植出一个贤明的领导阶层，也会因此造成国家的未老先衰，立国不久就已步入衰亡的阶段，我们在下一章将对系统的灭亡详加讨论。

在上一章，我们谈到系统的老化及衰退，衰退到底，最终就是灭亡。古往今来，大大小小的系统，由出生、成长、老化，到最后不免衰极而亡，此乃自然定律，无法逃避。但系统如能有因应机制，与时演变，就能演化为新的系统；反之，如果系统非但不能顺应时事，改变求生，反而倒行逆施，就会加速其灭亡。我们在此就讨论一些系统的衰亡，以作为前车之鉴。

一个系统的灭亡可以有很多原因，大致可分内在与外来两类，也有内外相应的。

1. 内在因素：老化是导致衰亡的重要因素，包括上一章所述成员或组成设备的老化、功能架构的老化、支系统间信息及资源失去沟通、资源分配的失衡、废料与冗员的累积以及观念的老化等。

2. 外在因素：外来物的侵入，如病菌、虫害等的侵入，可以导致系统成员的大量伤亡；天灾，如地震、海啸、洪水、火山爆发、旱灾等以其巨大的破坏力，可以摧毁很多系统；战争的破坏力也很强。

3. 资源的短缺：任何系统的生存及成长都需要资源，如水、粮食、能源（如煤炭、石油、木材以及人力），系统如缺少必要的资源就无法生存。

一个系统如果同时受到以上两个或多个因素的打击，其生存机会就会更少。

我们在以下几节将提出各种例子，来探讨不同系统如何因受到各种内忧外患以致衰退，甚至灭亡。

第十章

系统的覆灭和文明的衰亡

机械设备和河流

一、机械设备

一部汽车用久以后，管线会漏水、漏电、漏油，机件会断裂、破损，刹车会失灵等，最后车子不是发动不了就是失控，这些都是功能衰竭的表现；如果是仪控失灵造成引擎点火失序，或油门卡住造成超速，这都是支系统配合失灵的表现；如果汽缸里累积的油垢太多，这是废料的累积，也会因此使引擎无法运转，甚至烧坏；至于外力影响，则可有撞车、大树倒下、道路塌陷等；如果开车的人因技术不好或身心疲劳，或因烟酒麻痹造成车祸，则可归为“首脑”无能，种种内外因素相加就导致灭亡。

一条铁路所包含的支系统有路基、铁轨、号志、通信系统、车厢、车站等，这些支系统都会因使用年久而损坏。美国大华府地区的捷运系统因使用了三四十年之久，各种设备包括路轨、号志、车站内的活动楼梯等就频频出事，而在冬天更常因冰雪而有脱轨事件。同时，捷运系统未能早早地预留维修基金，因经费不足而不能及时改善。

二、河流

一条河流从高山岩石中蜿蜒而出，通常水清无沙；一旦进入有泥土的高原及平原，就不免冲刷河岸，挟泥沙而下，再将泥沙沉积在下游。适度的冲刷、沉积尚无大碍，但如果过量，年深日久，冲刷与沉积就会在冲刷处引致河岸的崩坏，而在沉积处又造成河床的淤塞。就系统立场而言，冲刷是对系统的损耗，而沉积则是废料的累积，两者都会导致河流的老化。长久不加补救，就会造成下列后果：

1. 河道扭曲成“S”形（如美国的密西西比河），扭曲过度就会在弧形极度处切割“短路”，把切剩的老河曲化为半月形的湖泊或沼泽。

2. 造成河流的决堤、改道（如历史上，黄河在进入河南境内以后已改道多次）。

以上两种情形，可说是河流系统本身欠缺调节功能。

还有一种情形是，河流在上游因蒸发或分流截水，流量一路减少，到下游竟完全断流，如美国的科罗拉多河；而黄河在 2000 年之前因上游用水过多，也曾断流。

河流的生命演化可从两个角度来看。如果从其发源地看起，河中之水一路顺流而下，经历的是冲刷与沉积的过程，也可看作老化过程。但如果从更长远的历史长河角度而言，这条河的老化程度就更为广泛与巨大。

生态系统和人体

一、生态系统

一个森林系统包括的支系统有大树、小树、地面覆盖的小植物，还有小虫、小鸟、食草动物、食肉动物、水中动物、水草等。这些生物有些是相依相存，有些是处于同一食物链上，它们必须互相维持一个平衡的相生相克状态，才能有一个稳定的生态。但是，一个森林系统包含各种生物，而大小生物各有其荣枯周期，这个森林就很难长久维持稳定的平衡。早晚，其生态会因其中一个环节的过荣过枯，最终打破原有的平衡而至另一种平衡。一个系统如能随情况而调节适应，就能长久地生存。

关于生态平衡的重要性，我们可以美国的黄石公园为例。黄石公园的动植物向来有其生态的平衡，其中重要的一环是狼群。狼群以小动物为食物，如此则小动物不致繁殖得过快，园中的植物与水产方可以有适度的生存空间。但狼群对园外的农家而言却是一个祸害，农家尽力猎狼，因此狼数年年减少，园中的小动物少了天敌，于是快速繁殖。小动物把树林中的低矮植物吃掉很多，土地失去覆被后影响了水土保持；同时，小溪流旁的岸边植物被大量吃去后，水中生物也失去了掩护，难以生存。由此可见，生态平衡相生相克，牵一发而动全身。

黄石公园当局为遏止生态的恶化，不得不由加拿大进口狼群，并请政府把狼群列为保护动物。经过几年的努力，狼群终于能够在新环境立足，黄石公园的生态平衡才逐渐恢复，公园这一个生态体系才能逃过衰败之厄。

不过，黄石公园在 1988 年不幸遭遇森林大火，虽经极力救火，却仍有一部分林区已成濯濯童山，徒留一根根烧残的劫后树干。黄石公园虽说避免了因内部失调而造成的衰败，但仍逃避不了部分系统为天灾所毁。由此可见，建立一个系统要花费多年来经营，但如不小心维护，则很容易受到破坏，甚至会有覆亡之虞。

事实上，有些森林的确未能逃过覆亡的命运。在南美洲的最南端，有一个名叫乌斯怀亚（Ushuaia）的小城，这是地球上最南端的城市，其气候虽冷，却仍在城旁山上有整片的森林。不幸由别处窜来一批水獭，水獭最喜欢把树木啃断，拖到水边筑坝。由于当地并无水獭的天敌，水獭得以大量繁殖，结果满山都是水獭，到处在伐木——最终树木被水獭啃光，只见短短光光的残干，一片森林就此灭亡，这是系统为外来的“兽灾”所消灭的例子。

另外，伊斯特岛（Easter Island）上的树林被老鼠吃光种子而灭亡的例子，我们在讨论伊斯特岛的衰亡时会详加探讨。

二、人体

我们的人体也是一个有机系统，自然也会老化。就系统衰败的观点而言，不外是自身功能的退化损耗、废料的累积以及外力的摧残：

1. 功能的退化损耗：如筋骨、肌肉的弱化及损耗，脑力的退化。

2. 废料的累积：如血管的堵塞、脂肪的累积、癌细胞的繁殖、肺部的钙化等。

3. 外力的摧残：如病菌的侵入、跌打损伤、水火伤害等。

以上各项不论单独或合并，都可以导致一个人的衰退，甚至死亡。

社会系统：文明的衰亡

一、家庭

一个富贵的大家庭由于不愁衣食，故子孙繁多。如果对子孙不严加管教，则家中必多游手好闲的不肖子弟，家庭负担既重，是非亦多，各房之间不但不能互助，反而互争互斗，虚耗人力、物力。就系统观念而言，就是各支系统间分工协调很差，资源、工作分配不均。同时，不肖子孙、废料累积过多，有如人体中脂肪的累积和癌细胞的繁殖，有碍正常的运作，反而虚耗资源，于是这个家庭就会很快衰亡。

此外，一个不和的家庭必会有不肖子弟引入外力（事实上，外力本身也会贪图利益而侵入），失和的家庭很难应付变局，也很难抵抗外力，其衰亡更快。于是一个大家业很难兴旺三代而不败落，中国俗语有云“富不过三代”，确是一针见血。败落世家，不论中外，处处可见。

如果一个家庭能够注重家教，讲究勤勉和协，或能稍微暂保家业于不坠。19 世纪末，清朝的中兴名臣似对此比较注重。因此，其子孙到今日仍还有出色的人物。但是，书香门第孝悌传家终属少数，土财主或暴发户则自古都有，不肖子孙就成为社会的负担。

事实上，不但一个大家庭如此，一个社会亦如此。一个兴旺上进的社会，由勤勉和协而兴，但子孙不肖、好逸恶劳、耽于内斗，不过六十年，也就是三代，就不免败象显露，“创业维艰，守成不易”确是至理。

二、公司企业

公司企业无论何处何时都有老化衰亡的先例，我们不能一一枚举，但可以对其失败的原因做原则性的讨论。

如果这家公司是因老化而衰亡，其最可能的原因当为效率太低，而效率低的原因多半是冗员太多、设备陈旧、技术落后等内部管理协调的缺失。但有时也会是外部大局面的改变，比如市场需求的改变（如近几年计算机、手机、各种用具的自动化，旧设备已被大量淘汰）；劳力市场流向开发中地区；人才的老化及流失；资源供求的压力（如能源的价格日高）；消费者的安全要求提高（如食品及医药标准的提高）；另外还有战争、天灾（地震、水灾、风灾等）；员工争权夺利，不能共同努力。很多公司本来是工业龙头，也会因规模太大、积重难返，缺乏改革、进取的精神，无法应对变局及时改变，以致落后，最终被淘汰。

三、国家社会

历史上，无论是一时之霸主或边远的小国，都难逃老化衰亡的结局。下面就是几个例了，以作殷鉴。

（一）伊斯特岛

伊斯特岛（以下简称为“伊岛”）是孤悬在南太平洋东南区的一个小火山岛，离它最近的地方，向东约 2300 英里为南美的智利，向西约 1300 英里是英属皮特肯岛（Pitcairn Island）。在 1000 多年前（据估计，在公元 900 年左右），南海民族中有一批人向东乘独木舟来到这个面积仅为 66 平方英里的小岛定居下来。但是，这个小岛与其居民，却一直到 1722 年才为荷兰探险家雅可布·罗赫芬（Jacob Roggeveen）所发现。由于发现那天刚好是基督教的复活节，从此伊岛也被称为复活节岛。由于这个小岛几乎完全与世隔绝，所以在讨论其衰亡过程时，可以只顾内在因素，比较简单，在此以其作为例子。

伊岛被欧洲人发现时，岛上童山濯濯，并无树林，岛民也相当穷困，却有很多巨大的半身石像散布各处。这个岛从此以这些神秘的石像——摩艾（moai）而闻名（图 10-1），也成为考古学者研究的对象。根据当地居民代代相传的传说以及考古学家从发掘遗迹中所得的线索，我们可以大致对伊岛有如下的了解。

图 10-1　摩艾（moai）石像［来源：引自维基百科］

伊岛是海底火山爆发的熔浆所形成，岛上有三个火山口，此岛形成后既然与世界并无接触，则岛上的生物就得靠飞鸟或上空的气流传来。由于岛上并无陆地大动物，对飞鸟而言相当安全，因此鸟类很喜欢在此栖息及繁育。陆地上的植物倒逐渐繁殖，当南海移民初到伊岛时，他们发现林中无兽可猎，水滨无鱼可捕（水太深），居民的食物只有海鸟栖息地的鸟及蛋和近海颇多的海豚及林中的野菜、果实等，同时种植一些洋芋、甘蔗，及大量地养鸡（因此岛上的鸡窝颇多）。

根据遗迹，岛上一开始林木葱葱，有很好的木材。而考古学者通过对树种的研究发现，森林中的树种很多，包括高达数十英尺至百英尺、直径七英尺，可做绳缆等多种用途的巨型椰树，以及各种可用来造船、建房的坚硬木材，也有很多果树，可说林产丰富。

大致而言，这些新居民在伊岛生存、定居后，子孙繁殖人口达到 1.5 万人。

他们的领导者以切圆饼的方式把全岛分成 11~12 块，分族而居。领导者们都住在近海的“豪宅”并有石铺的平台，平民则住在内陆，房屋较小。由于各族的领地各有其特有的资源，大家必须互通有无，所以各族间颇能和谐相处。

由于生活还不错，行有余力，而火山坑的石材又适于雕塑，于是就开始雕塑石像，并将其运送到各族首领的门前，竖立在平台上，一般推测是为了纪念先祖。这些石像也就成为伊岛的特色，日后成为观光和研究的重点。

这种好日子维持了四五百年（公元900—1400年）后，森林逐渐萎缩（关于萎缩的原因，是采伐过度，还是其他的情况，我们将在下文有较详细的讨论），影响生产工具（如渔船、渔具等）的供应和食物的来源，加上几次瘟疫，人民生计日绌，而各族在竖立石像方面的竞争却又加剧。

伊岛的生活日渐困难，尤其是食物生产方面，必须加强农业生产。但伊岛并无河流，只有雨后由山上流下的雨水，居民必须用拦水坝保持短暂的水源。同时，伊岛虽然在南半球的纬度与台北市在北半球的纬度差不多，但雨量少而风较冷，不利于农作物生长。于是，居民用石墙挡风，同时在农地上铺一层小石子，白天吸收太阳的热，晚上又可以保护作物不至于太冷。在其后期，他们必须多依靠农业，就在山坡上大量地开发这种农场，可见这些居民还颇为用心，也颇有开发精神。

由于各族互相竞争夸耀，石像越做越大，耗费的人力、物力也越大。各族在初期虽尚能和平相处，但到了后期，相互间就不免有争斗，也造成人力、物力的消耗。同时，初期的社会秩序由各族首领及宗教维持，但人民在困难时就转而跟从地方强者，于是大家互相攻伐，甚至以人为食，整个社会完全崩溃。在互相争斗中，石像次第被推倒，以夺取石材。

自1722年荷兰探险家首次登上伊岛后，欧洲人则于1774年起开始多次来到伊岛，有些来客带来了瘟疫（如天花），岛上的人口因此大减。尤其是在公元1862—1863年，秘鲁的奴隶船把半数岛民（1500人）绑走，卖作矿工。这些人绝大部分死在矿中，幸存的12人虽被放归，但带入了天花，全岛被感染，岛民几乎死亡殆尽。到了1872年，全岛仅剩下111位岛民，伊岛社会就此告终。

瘟疫以外，森林的消失也是伊岛衰亡的重要原因之一。但森林为何消失，却颇有争议。贾雷德·戴蒙德（Jarede Diamond）对此有详细的讨论，他虽然列举了各种可能的原因，但基本上，他把森林的消失归咎于岛上各族的石像竞争。其理由是石像的雕塑固然很费功夫，但将一个几吨重的石像由工地运到其竖立的平台，将其安放入座，则更为费料费工。贾雷德·戴蒙德根据其几次试验所做的估计：如把一座平躺的大石像（13—32英尺、10—75吨）在一条铺有圆形滚木的道路上拖行十多英里，一路拖到平台，所需的人力为50—500人，还要砍掉很多大树来供应铺路的滚木，而且建筑平台也需要相当多的人力。估计全岛已立的石像有393座，另有未能运达而半途弃置的有97座。总结起来，这些石像工程所消耗的人力、物力，对全岛资源是一项很大的浪费，也造成森林的消失。据此论证，贾雷德·戴蒙德把石像的建立列为伊岛衰亡的最大祸首。

但是，在2012年的《国家地理》杂志上，布洛赫（Bloch）提出新的论证，根据是2011年由特里·亨特（Terry Hunt）和卡尔·利波（Carl Lipo）所做的实验。这两位研究人员所实验的石像搬运法，是根据当地居民口耳相传的方法。

他们把一座10英尺高、5吨重的石像，用不倒翁左右摇晃挪步的走法，只用了18个人就把这座石像牵引到了平台，远低于贾雷德·戴蒙德的估计。如此，则石像工程就不是森林消失的主因，而他们提出老鼠可能才是元凶。这些老鼠随着独木舟一起到达这个新天地，在此岛上除人以外并无天敌，却有广大的森林可以随地取食树上及地上的坚果。老鼠繁殖极快，考古人员所挖到的坚果，很多都有老鼠啃过的齿印。大树没有坚果埋在土里，也就没有小树传种，这树林也只能及身而终。所以，即使岛民不砍伐，树林也会自己消亡。

但是，森林的消失还不能立即导致伊岛的社会消亡，伊岛的人口即使在树林消失后，还能维持在几千人上下，所以真正的杀手是白人带去的瘟疫。瘟疫把全岛人口几乎消灭殆尽，伊斯特岛一度很有特色的社会系统，从此消失了。

由伊岛的衰亡，我们可以看出：一个封闭系统的资源、空间都有限，如果资源枯竭或需求有变，很难有应对的余裕。伊岛系统在短短九百年内，在一个无人而又资源贫乏的荒岛就地取材，建立家园，居然能生存发展，创造出富有特色的文化。即使在本来的森林资源消失后，也能在不利的自然环境下，发展出一套“石田”技术，如无外来的侵扰，说不定还会有新的发展。但终因根基脆弱，很难抵挡剧变的打击，归于陨灭。

以上一段虽然是为伊岛所作的悼词，但似也可用在同样是一个封闭系统的“地球村”。地球虽比伊岛大很多，但在太阳系中只是一个小小的行星。而且，地球本身在几亿年中也承受过很多不是现代文明所能承受的剧变，我们早晚会碰到无法应对的局面，其中还可能是因自己的愚蠢而造成的，到那时，我们也许会重蹈伊斯特岛的覆辙。我们今日在检讨及批评伊斯特岛民的作为，以后又有何人来凭吊我们呢？对此，我们应该深刻反省。

（二）古希腊的衰亡

1. 希腊的兴起

在公元前五六百年时，世界上同时在中国、印度及希腊出现了光辉的文明，为后世的东西方文明奠定了基础，我们现在就要探讨希腊文明由盛而衰的过程。上述伊岛是一个封闭系统，而古希腊则是一个极开放与发展的系统，两者并列，可以互相对照。

希腊半岛上当时有很多小城邦各自为政，其中有两个城邦特别突出：雅典和斯巴达。雅典作风开放，鼓励少年在德智体上多方发展；同时国家由市民参政，相当民主；又靠工商而颇富裕，国内文化与技艺水平颇高。斯巴达刚好相反，其国家专制、保守，尚武而不重文，小孩从幼年起就注意健身练武，而且经常接受军训，举国以保乡卫国为荣。其时，在地中海东方，波斯帝国崛起，国王大流士一世（Darius I）威震一方，要挟在地中海东岸的希腊诸邦臣服，雅典与斯巴达拒绝臣服。公元前 490 年，大流士乃亲率十万大军讨伐希腊半岛，却在马拉松（Marathon）被雅典的重装甲步兵方阵打败，狼狈败归。十年后，其子薛西斯一世（Xerxes I）再次率军进犯。波斯数万大军竟为斯巴达三百勇士挡在温泉关（Thermopylae）山隘，斯巴达国王亲率的这些勇士虽然因此全军殉国，却让雅典能在撒拉米斯海湾（Salamis）从容布置，以船首有冲角的三层桨快速船舰打败波斯海军。其后，斯巴达军队又在公元前479年再败波斯，从此波斯不敢再犯。希腊各邦信心大增，尤其是雅典。

回顾雅典的胜利，实应归功于其工技发达、陆海军装备精良；同时，军队的功劳亦大，将领指挥若定，以及以市民为主的军队努力抗敌。因为斯巴达保守，对贸易并无兴趣，于是雅典乃能以提洛同盟（Delian League）的领袖身份独霸一方。雅典从此扩大贸易，在地中海沿岸广设殖民地，名利双收。但这些利益都归雅典人民独占，当时加盟的小城邦则只有缴税的义务，却并不能利益均沾，因此造成盟友的离心离德，为日后埋下了祸根。

雅典既然国家富有，于是将被战争破坏的城市大加修缮，精美的建筑遍布全城（今日山上有名的卫城即是其中一部分）；同时奖掖工商、收纳流亡，国力大增；而且文人哲士也都会集于此，不论文学、哲学、艺术、医药都在蓬勃发展。国家到了黄金时代，也就是后世景仰的辉煌的古典希腊时代。

2. 希腊的衰亡

但是祸福相依。雅典的黄金时代也就是其衰亡的开端。这段时期，雅典由伯里克利（Pericles）主政。伯里克利目光远大、辩才无碍，他虽出身贵族，但由于对波斯的战争必须靠大量平民当兵效力，所以大力提高了平民的参政权。平民不但能参加国家最高机构的“公民大会”，还能参加官员的抽选，担任公职还能有薪水，开世界民主政治的先河。但是，平民参政虽然提升了国家的活力，却因并非“选贤与能”，政府的威信大减，反而将大权转落到将军手中。同时，本来当权的贵族因失权而不满，虽然内部意见出现分歧，但当伯里克利在世时，有其主持，能够统御这个“多言堂”，尚不致有大的决策错误。但当伯里克利在公元前 429 年因瘟疫去世后，少了高瞻远瞩的领导者，“民主”成了无头苍蝇，雅典就犯了几个大错，兹略述如下。

当希腊联军击败波斯以后，雅典自恃其文化与军力都高人一等，称霸当时的“世界”，不免自大与自私，且与当初的盟邦斯巴达因理念不同而决裂。斯巴达及很多小邦，对雅典的霸道与利益独占也很不满意，并感到不安。雅、斯两邦在公元前 450 年以后就渐有冲突，双方时战时和，是为持续 40 年的伯罗奔尼撒战争（Peloponnesian War）。伯里克利为了避免对付斯巴达强悍的步兵，就修筑城墙——只要粮道不阻，任他斯巴达军在城下闹够以后，也就只能退兵，同时保存自身的实力，并不轻易出兵。但是，伯里克利死后，雅典群龙无首，众人意见纷杂。公元前415年，由于雅典在西西里岛的殖民地请求母国的奥援，雅典已然大敌在侧，居然贪心地派出海军远征，远赴西地中海开疆拓土。

西西里岛位于地中海中心，为海运重点，岛上有很多希腊殖民地，建立了大小城邦。不过，这些城邦与希腊本岛一样，也分为爱奥尼亚（Ionian）、多利安（Dorian）两支，因此希腊本岛的雅典与斯巴达间的互斗也波及西西里。

西西里岛上最强大的城邦是多利安族的叙拉古城（Syracuse），为周围的爱奥尼亚小邦所惧，这些小邦就希望同族的雅典能为他们撑腰。公元前416年，有一个小邦塞格斯塔（Segesta）与另一个小城色里努斯（Selinus）相争，请求雅典出兵。塞格斯塔为了确保雅典的援助，故意炫耀财富，误导雅典大使以为该城非常富有。同时，该城表示愿以大量金钱支付雅典远征的军费，雅典果然被诱，愿讨论出兵与否。公民大会中的和战两派为此激辩，当时和战两派的领袖分别是尼西阿斯（Nicias）与阿西毕阿德斯（Alcibiades）：前者认为应该慎重；后者则极力主张出兵，最后公民大会为财所诱，同时想借此顺便打下叙拉古城，乃决定出兵。为了平衡两派，任命三位将军统军：尼西阿斯、阿西毕阿德斯及职业军人拉马楚斯（Lamachus）。这个决定貌似有理，其实非常荒唐。一军三将又意见不合，只有“和稀泥”的政客才会有此蠢举。公民大会既贪图财富又狂妄自信，听信主战派的吹嘘，竟不顾国内的安危，派出战舰百艘、重甲兵五千人，如此大军已大大地削弱了本土的防务。公民大会作此荒唐决定，实则也反映了民意。因为出征的军人是城邦的公民，如果征服了别国，将士都可分到财富与奴隶（奴隶并无自由及发言权，所以雅典的民主也不是如书上所形容的那样光明伟大），远征西西里对雅典公民而言可以说是人人有奖，诱惑很大（这就是民粹政府的缺点）。

一军三将果然误事，大军到达西西里后，三人就有三个策略。保守派的尼西阿斯只想帮塞格斯塔打败色里努斯后，顺便去叙拉古示威一下就班师回国；好战派的阿西毕阿德斯则主张先在海边等候盟军会齐，再攻打小城；军人拉马楚斯则主张乘其不备，突袭叙拉古。三人意见不同，不料在海边等了几天，也不见盟军的出现，塞格斯塔所许的银两也“黄”了，可见雅典的情报很不可靠！

于是这个“三头马车”只能开往叙拉古。途中，好战的阿西毕阿德斯因故被召回国，他为避祸，竟逃到了斯巴达。远征军由尼西阿斯和拉马楚斯统领，但又打打停停，多次坐失良机。等叙拉古得到斯巴达的援军，此后雅典军就败多胜少了。但在挫败后仍不知及时止损，雅典竟又在公元前413年派出一半的海军增援，结果全军覆没，国家军力、财力大伤。同时，斯巴达整军经武，建立了可与雅典匹敌的海军，于是雅典海陆两军的优势尽失，斯巴达乘虚而入。加上公民大会贪图方便，无故把伯里克利所建的城墙拆毁，斯巴达军得以长驱而入，而各盟邦也纷纷叛离。雅典乃于公元前404

年覆亡，一代强权终于灰飞烟灭！

其后，虽然斯巴达因以暴力统治，不久也被推翻，雅典得以短暂复国，但希腊半岛已经分崩离析，不久即为新崛起的马其顿所亡。雅典一代强权，可以说是为贪婪、自大、自私、无知与野心所害，终于烟消云散！

在伯罗奔尼撒战争后，有一位雅典的大历史学家，修昔底德（Thucydides）写了一本为后世典范的历史书：《伯罗奔尼撒战争史》，检讨那一段时期各邦的功罪得失，他的结论有如下名言：

> 民主政治虽可开启民智，但也会引致政治野心的无限膨胀。因而导致帝国主义，及内部的纷争。[1]

> 民主也需要领袖，但领袖也会危害民主。[2]

> 权力会引起贪婪及野心，而此二者又会引起暴

1 …the Periclean democracy, which had the effect of liberating individual daring, enterprise and questioning spirit, but this same liberation, by permitting the growth of limitless political ambition, led to imperialism and, eventually, civicstrife.

2 …democracies need leadership, but that leadership can be dangerous to democracy.

力与纷争。[1]

学者如与军人分开，则思想者会成为懦夫，而武人则成为莽汉。[2]

我们就系统观点而言，古希腊的覆亡应归咎于雅典及斯巴达各支系统的理念不同，也就是大家不能有共同的行为准则，以致无法和平相处，徒让他人得利。就雅典而言，这个城邦的系统首脑因为公民大会成员意见纷杂及目光短视，既不知己，又不知彼，以至于决策错误，一败涂地，是系统的首脑决策部分不能长远及全盘思考之咎。

行文至此，读者可能会注意到，上段文章也可用来形容21世纪的美国。事实上，雅典可说是第一个成为“世界霸主”的民主国家，而美国是第二个成为世界霸主的民主国家。

为此，我们不妨看看今日的美国是否在重蹈雅典的覆辙。不幸的是，美国还真犯了同样的错误。兹细述如下：

美国在小布什任内，先后出兵伊拉克和阿富汗，两者都

1 The cause of all these evils was the lust for power arising from greed and ambition; and from these passions proceeded the violence of parties once engaged in contention.

2 The State that separates its scholars from its warriors will have its thinking done by cowards and its fighting by fools.

是出师目标不明、策划不周，搞得徒劳无功，进退两难。我们可以拿当年的雅典与美国出兵伊拉克一举，罗列比较：

1. 情报错误：美国的小布什总统及其周围的人被一个国际大骗子艾哈迈德·夏拉比（Ahmed Chalabi）所骗（夏拉比为伊拉克流亡分子），以为伊拉克人心思变，想要推翻萨达姆（Saddam Hussein）政府。而且，他谎称有地下义勇军数千人可以配合美军，一举推翻萨达姆，并制造伊拉克有化学武器及核武器的假情报，鼓动美国要求联合国组织联军出兵攻伊。但美国攻入伊拉克后，既无义勇军响应，亦未找到化学武器、核武器，却已骑虎难下。夏拉比的骗局也在《纽约时报》（*New York Times*）及《新闻周刊》（*News Week*）被报道过。

2. 贪图暴利，鲁莽行事：美国出兵，虽以消除伊拉克的化学武器为借口，实在是贪图伊拉克的油田，利令智昏，就不免策划不周。

3. 狂傲自大：小布什好大喜功，想要建功立业。同时，美国军力强大，军队因配备有电子化、信息化的先进武器，自以为天下无敌，因此极想及锋而试。

4. 事权不一：美国轻敌，以为可以一击而成，立刻把伊拉克变成民主国家，于是在大军以外，另派外交官去建立政府，文武官员在一开始就不能掌握情势及时应变。

5. 出师目标不明，首鼠两端：美军入伊，本以为要打一场大型的阵地战，不料伊拉克军队很快就销声匿迹，转入地下，美军一时不知对谁而战。尤其伊拉克有伊斯兰教的逊尼、什叶两派，互不相容，对美军是敌是友因时因地而异，美国完全是在打糊涂战。加之美国表面上是为了推动民主，而实际上是为了石油资源，本就是师出无名，不能知难而退。美国陷入战争的泥沼，既不甘心，又无法对国人交代，进退两难。从2008年起就已知必须退兵，却又无法下台，只有死扛，反而失去更多兵员与美国的声誉。伊战始于2003年，直到2011年美军才勉强退出伊拉克，但国力与国际声望已大受伤害，而中东局面始终混乱，至今未定。

由以上比较，我们可以看出，今日美国与古雅典颇为相似。雅典远征西西里及美国2003年攻伊拉克，两者均是首脑的情报不明以及决策有误，铸成了大错，两者均因贪财及自大而衰亡。美国虽还不致因伊战而亡，但其军队士气与国际声望大幅降落，并造成大量的国家财政赤字，导致国民失去自信心，现在多数人已认为美国正在走下坡路。

我们由此可以看出首脑部门，不论元首或国会是否明智，是否有匡扶、制衡的机制，以及能否善用信息，均攸关国运。如以上几项功能有缺陷，就有衰败的可能。不论是君主或民粹，只要不听贤能有识之士的匡扶，一意孤行，不愿冷静思考，反而只顾私利、妄自尊大，都会逞一时之快，犯轻举妄动的错误，最后造成国家的衰亡。

顺便在此一提：民主国家以全民参政为傲，但全民选举，在一个小国寡民、大家对其首脑候选人比较熟悉的地方还比较容易选贤与能。但在今日的世界大国，如美国等，选民对候选人的了解多来自媒体；而今日媒体的广告术已高度发展，选民很容易被蒙蔽，于是当选的首脑多半为有钱能控制媒体及善用广告的政客。美国自肯尼迪以后，选举就被称为“推销”：总统是商品，选民是顾客，而顾客还大半是无知盲从的大众；于是，今日美国的确是“民粹”政治，而不是理想的民主。也因此，首脑不能领导号令，全国上下异心，国家日趋衰败。但别的国家还一心以美国为楷模，有的也已走上民粹的歧路，另外有些还在盲目地往民粹方向冲，实令人担忧。美国建国时高举自由、平等的理想之旗，为举世立了一个崇高的目标，今日不幸已为金钱所腐蚀。

回顾修昔底德的名言，不免惊觉于竟完全能适用于今日：雅典的民主政治用于小国寡民，比今日的亿民大国还接近民意；不像今日的民主，经过有野心者层层扭曲，离基层已经很远，其弊病更大。由此可见，今日所谓的“民主”，还有很多可以商榷及警惕之处，并非天赐灵药，神圣不可批判。另外，雅典凭借其科技优势而得以为地中海霸主，却又因其贪婪、自大、自私、无知与野心，而导致几十年的杀伐。人类打打杀杀几千年，强者不能以世界大同为目标，而只知以假仁义为名，来谋求一国甚至一己的利益，居然没有吸取任何血的教训，依然未改贪婪、自大、自私、短视、无知与野心等毛病；同时还迷信武器的优势，以为拥有坚甲利兵就可以为所欲为，完全忽视前车之鉴，实在可悲亦可怜！

（三）罗马的衰亡

俗语说："罗马（城）不是一天建成的。"罗马由一个在意大利半岛中部的小城邦发展成为一个大帝国，的确非一日之功。但罗马帝国在建国八百年后，也难免衰亡的命运，其衰亡也不是一日造成的。大史学家吉本（Gibbon）在其《罗马帝国衰亡史》中认为，罗马的衰亡应归因于宗教与蛮族。但后人又提出很多其他的原因，包括：人口不足、疾病、种族混杂、精英的衰亡、奴隶的减少、道德败坏、气候变迁等等。我们在此试图把上述诸因从系统的观点来加以解释。

罗马在公元前5—6世纪建立城邦时，被称为"共和邦"，也就是并无君主而由城中的人民共治。但事实上，大权始终在城中的豪门大户手中，百姓则有当兵的义务，他们为了争取民权与贵族争斗很久。到公元前4世纪，人民才争到若干公民应有的权益。国家也因平民的参加，才能组成重装备的罗马方阵，所向无敌，罗马才能稳定地扩张。但是，罗马连年争战，小农出征后就很难回归田园，因此造成很多都市游民。为了减少游民而又有稳定愿战的兵源，统兵大将开始有权募兵，以及以土地、奴隶奖赏将士；大将也因此能赢得部属的拥戴，同时拥有战功及战利品，名利双收。顺理成章，罗马军团渐成大将的私有部曲，而非国家的军队，很多大将因此成为罗马的首脑。到恺撒挟征服高卢的余威回师返京，更成为至高无上的首脑。虽然恺撒因想成为皇帝，被元老院集体刺杀（公元前44年），但共和也就此正式告终，罗马成为真正的帝国。

罗马帝国开始的两百年，尚有几位英主，国家版图持续扩张，成为西方的大帝国，但是在公元2世纪开始衰败。当时国内发生瘟疫，人口剧减，更严重的是经济萧条，其原因如下：

罗马的平民虽有若干法律保障，但当权者始终是豪门巨室。罗马征服各地，所掳得的财富和俘虏就归这些贵族所有。财富除用于享乐外，就用以置产，把小农的小土地兼并为大庄园，并用俘虏为奴隶。一方面，奴隶人多而且可以集中调度，远比小农的生产力要高，加上罗马以征战为重，无暇改进农业生产技术，于是农民无法维生，只能离开土地，流入城市，靠国家的面包与竞技场（bread and circuses）度日。[1]但农民变成游民，终会导致国家的不景气。另一方面，罗马开疆辟土，边将及其部曲也在边疆建立新城镇，造成人口及财富的外移；同时，罗马连年开边，可征服掳掠的地方越来越少，奴隶的来源也日渐减少。劳力与市场两者均受影响，罗马本土的工技生产也就大不景气，而地方势力却日渐强大，

1　据说恺撒为了平息民怨乃命令："给他们面包和竞技场！"（Give the bread and circuses）照顾了人民的饮食和娱乐，这大概是社会福利的鼻祖。后来，罗马诗人尤维纳利斯（Juvenalis）则以此讽刺人民被统治者的小恩小惠收买。

罗马本土成了一个萧条的空壳。在公元2世纪后，虽然列代君王皆设法改善，但始终不见起色。

罗马人口既不足以负担开边的需要，因此罗马军团中任用的边疆蛮族乃越来越多，其中还有些因功升为将领，有些甚至成为皇帝。罗马在盛世时所筑的边墙，已不能阻碍蛮族的渗入。后来，由于汉武帝及东汉朝廷大举讨伐匈奴，压迫匈奴西迁（公元91年）；匈奴转而压迫欧亚大草原上的各民族，后者受匈奴压迫，也向西移。这一连锁反应，乃导致日耳曼民族大迁徙。蛮族到处流徙（公元376—568年），罗马境内烽烟四起，中央无法应付，只得将国土分归四帝分统（3世纪初）。其后，由于帝国东部比罗马本土兴旺，乃设东西两都（罗马与君士坦丁堡），两都渐行渐远，终于分为西罗马帝国与东罗马帝国。而罗马城凋零之余，在公元410年被蛮族侵入，大掠而去，只能苟延残喘；到公元476年，西罗马帝国再度被西哥特人攻入，西罗马亡。东罗马帝国虽然仍存在，但因其远处小亚细亚，多年与东方民族相处，且文化和母国大相径庭，已不是世人心目中之罗马帝国。

我们可从系统观念的角度来检讨罗马的衰亡，先看看罗马这个国家民族系统的各个支系统的运作：

第一，看罗马的首脑。不论是共和制还是帝制，罗马基本上是寡头政体，而由贵族辅政。寡头政治之好坏系于君王一身，罗马的首脑有贤君，也有昏君。大体而言，开创之主（如奥古斯都）或继位以能者（如公元96—180年的“五贤帝”）都不会太差；而父子相传者［如有名的昏君尼禄（Neo）］或以暴力得位者（如在公元 250 年后的五十年竟换了二十六个皇帝）就贤愚均有，国家也会动乱不安，罗马后期的首脑无能也是衰败的原因之一。

第二，行政支系统。这些人都是原有的贵族或靠武力得权的新贵，不论治世或乱世，帝国扩张所得的财富、奴隶均由他们独占。而对下面的小民则恣意欺压，面对国家民穷财尽的局面，他们也不会出力救援，而且其子女平日荒淫放浪、耗费国力。我们在小说、戏剧中常看见这种现象，这些人实在是罗马败亡的重要原因。

第三，防卫支系统，也就是军人。罗马军人卫国保民，进而开疆辟土，功大于过；但是有些大将挟军干政甚至谋取帝位，就逾越了军人的本分，而且会造成混乱。另有很多军人因掠夺征服地方的财富、奴隶而大富，因此跻身于贵族阶级，大大地鱼肉百姓。各支系统中只有防卫支系统一枝独秀，系统就失去了平衡。

第四，生产支系统。此支系统的成员为平民，这些平民为生产大众，以小农为主，他们当兵纳税，支撑国家，所向无敌的罗马重装甲方阵就由他们组成。但如果多年出征，退伍后有些解甲却无法归田，成为都市游民；又有些即使能重操旧业，却因农业技术落后，税收又重，无法负担，只能将土地卖给豪门巨室。豪门巨室的大农庄，由奴隶耕种，渐成自主单位，政府对他们政令不行。同时，帝国版图越大，奴隶的来源越见枯竭，于是农工生产萎缩。失业与贫穷，导致罗马本部的内需市场日渐萧条，大户的财富流向外围地区。如此则产销之间成为恶性循环，而帝国的政军费用反因社会的动荡而更见庞大。生产支系统在结构与运作上的基本缺陷，实在是罗马衰亡的主因。

所以，罗马系统内部各支系统的荣枯失匀，贵族与军人占有利益，而小民却须负担责任。到最后，小民无法再继续负担，整个系统也就衰亡。

除系统本身的内部矛盾外，另一因素为外来的压力——蛮族的入侵。蛮族本来就在帝国周边，与帝国有贸易来往，也是帝国兵源及奴隶的来源，后来由于匈奴的西迁，才造成日耳曼民族的大迁徙。罗马强盛时，蛮族受罗马欺凌；罗马衰弱时，就变成了蛮族的大肥肉，而罗马终结也是由于蛮族的最后一击。

在此看了罗马的覆辙，再看看今日世局，我们不免惊觉两者的相似之处。例如，日本是当今世界上第三位的经济大国，年年有巨大的出超。但是国内的不景气已近二十年，人民失业，国债为国民生产总值的 2.3 倍[1]。

而人民收入不增，加上工厂多用机器人，更使失业率反增。我们不免要问：日本大公司年年所赚的外汇到哪里去

---

1 美国为一倍多，意大利、希腊、爱尔兰等濒临破产的国家也只为 GDP 的一倍多，故日本国债为世界之冠。

了？唯一的解释是大资本家把钱放在海外，也用在海外。至于其同胞的死活则与资本家无关，美国过去五六年的不景气也有同样的趋向。

不过，资本家的自私作风，到头来还是会自食其果。就日本而言，近两年日本的电子业已经渐渐为韩国及美国所取代，汽车工业也在走下坡路，即为一叶知秋。

此外，我们如果把古罗马时代奴隶的劳力看作今日的"能源"，则奴隶的短缺就相当于今日的能源缺乏。罗马的奴隶来源枯竭，的确是一个致命伤——如同今日，若是一个国家能源不足，其也很难成为强国。

由以上几章，我们可以归纳出一个结论：一个系统有其生命周期，在这个生命周期中，一个系统历经“成核”阶段，再经初期的快速成长及后期的缓和成长，以至于老化、衰退。若是内部老化过甚，而又不能与外面别的系统竞争资源，最后则难逃衰亡或被并吞之结果。

但这个生命周期究竟有多长呢？有些大树，可以存数千年，有些小虫其生命只有一天，很难一概而论。不过，就我们生活中最有密切关系的经济活动而言，我们倒可以做一些合理的推估。

第十一章

系统的生命周期和历史周期律

经济活动的生命周期

任何经济活动，都必须涉及“人”和“物”。人的寿命大家知道很少能超过百岁，大部分人可活到七八十岁，而其中约二十年为青少年成长期，七十岁以后又已退休，所以能参与工作的年数为四五十年。

就物而言，生产总不免需要设备，一般设备即使不考虑是否已经过时，就其可使用年限而言，小的设备大约用十年，大一点的大约用二十年。一个工厂即使设备经常汰旧换新，大的可用四十年到五十年（如核电厂即以四十年至六十年寿命估算）。若一个人早年创业，这个创业者与其所设之工厂，大约都只能用五十年。不过，在今日信息时代，由于技术与设备日新月异，设备不是因折旧，而是因过时而遭到淘汰。过去传统的汰旧换新时程，必须大大缩短。

一个工业的兴起，其同类的工厂大致都在同一个时候创办，即使其中有先后，也应不至于有十年之差。因此，一个传统工业的寿命也只有五六十年，新科技则大大缩短。

一个经济体系通常靠两三个主力工业，比如中国台湾经济的主力为石化及其下游工业、电子及信息，而这些工业都在1960—1970年间开始。即使把两大类工业首尾相错十年，共能维持六七十年，则到2020—2030年，也都告退了。所以，若是一个经济体系不能将主力工业的起飞期错开，则大家到时候就一起告退；若是每隔十年或二十年可以有一两个新的工业兴起，则即便新陈代谢，这个经济体亦可以长保不坠。对中国台湾而言，目前的主要产业为电子及信息，下一波大约应是微机电以及光电，生命科技应为再下一波的工业，不过现在的科技进步太快，令人很难精确地预测。

尤其，一个工业不到寿命终期就已因老化或过时而失去了竞争力，所以只将其最初的半期来支撑经济的荣境。若果真如此，则今后十年二十年只有电子信息可算作经济主力，相关部门应该有所警戒。

以上我们虽以中国台湾经济为例，其实每个经济体系都要有几个主力支撑。美国可以说是执世界经济之“牛耳”，过去五十年，我们也看见钢铁、汽车、石化、航天、能源、国防、电子、信息等先后递嬗，实际上每个工业都只能主领风骚二三十年而已。

俄国经济学家尼古拉·康德拉捷夫（Nikolai Kondratiev）将过去两百多年西方的经济荣枯做了个图（图11-1），显示出一个五六十年周期的兴衰图，这个曲线被称为康德拉捷夫长波（Kondrratiev wave）。由这个图，我们可以看出一个经济体的周期为五六十年，是相当合理的假设。不过，现在一切步调都已加快，兴衰周期可能还要短一点儿。

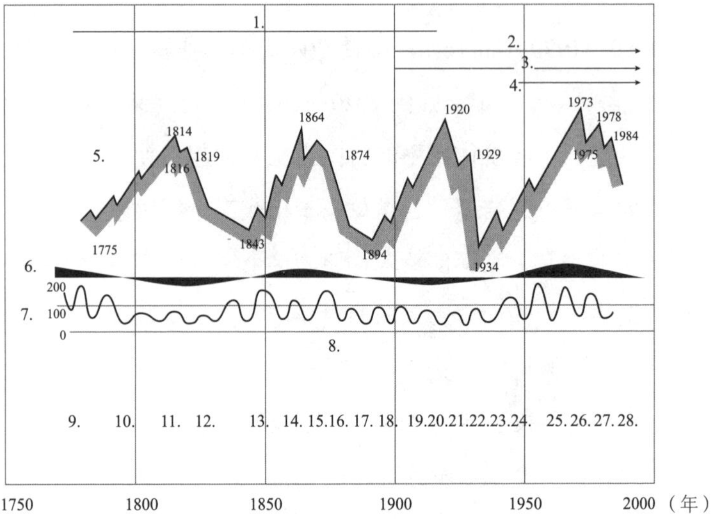

图 11-1　康德拉捷夫长波

然则美国建国虽仅二百年，但在 20 世纪，其经济一直为世界之先，又如何解释呢？其实，美国也有过全国性的经济不景气，20 世纪 30 年代的大萧条以外，在 1970 年前后，也有过一个相当严重的“退潮”。更何况，美国全国的国力看起来似除小起伏以外，一般而言，还是在持续上升，只是上升幅度已逐渐减缓。这种情形似乎与康氏曲线不太相符，而我们若只看大波动，则大萧条离现在也就差不多六十年，与康氏曲线相差不远。再就较小的波动而言，每个主力工业既都只各领风骚二十年，则美国的持续上升，又如何解释？

关于此事，我们在第二章已经做过讨论。读者不妨回头把图 2-6 再看一遍。在该图中，我们看见有几个成长曲线互相递嬗，其总曲线即呈现持续上升而有小波动的曲线。在美国上述几个主力工业也有升降起伏，由于其国力雄厚，可以容纳很多不同周期的工业，所以其总结果就成为持续波动上升的趋势。

但若就美国各地区而言，其范围较小，而且由于各主力工业多少也有区域性（如钢铁、汽车集中在中西部；航天工业在西北区；太空工业在西岸；石化在东部及南方等），所以各区域的荣枯周期性就比较明显。笔者在美国半个世纪，已目睹其各区域的“风水轮流转”。在20世纪初，其繁荣者为东北的新英格兰区，其后因钢铁、汽车，经济重心移到中西部大湖区，航天及娱乐业兴起后，西部成为主力区。现在南方渐渐升起，而西部则因电子信息似乎已开始其第二春。至于过去盛极一时的东北部及中西部则已被命名为“锈蚀带”，尤其昔日汽车工业中心的底特律市，更是如同弃城，惨不忍睹。可见此地区经济不景气的严重性。所以，若将这些区域经济的盛衰周期，前后套配，则也可以得到如图 2-6 的综合性曲线。

经济荣枯期与国力周期

这种区域的荣枯周期，也影响一个国家的国力。如上述，美国由于其根基雄厚、地大物博，所以可以包含几个区域性的盛衰而维持总国力于不坠。欧洲的国家较小，一个国家就相当于一个经济区域，因此在各区域轮流兴衰的情形下，欧洲的霸权也呈现了互相嬗替的情形。在15世纪末、16世纪初，“新大陆”的发现及文艺复兴时期，欧洲重心在地中海的意大利及西班牙；后来，法国路易十四兴起，盛极一时；其后即为英国伊丽莎白女王的舰队，击溃了西班牙的“无敌舰队”；而后拿破仑重振法国声威，却又再度被工业革命发源地的英国抢去霸权；而英国在称霸时期却又失去了北美殖民地；其时，中欧的奥匈帝国及普鲁士又称霸一时；欧洲各霸权在第一次大战后却又转让“牛耳”给美国；到“二战”后，美、苏对峙多年，而未来的经济主力似乎已移向亚太地区。

以上国力的递嬗，每个国家都只能风光几十年，即为别国所替代，均有其周期性。而且还有一个有趣的现象，就是霸权中落后，继之而起的多半是原来霸权中心的边陲地带。法国对意大利，英国对法国，中欧对英国，美国对欧洲，亚太对美国都由边陲崛起，其原因似乎是边陲地带的人可以汲取霸权中心的技术及经验，而又没有中心地区的包袱（既有利益的阻挠改革）。而且，由于边陲地带一切初兴，人民也比较有活力与朝气，乃能努力发展，取代中原。

现在反观中国历朝历代，其比较强悍的朝代都是崛起于边陲，再问鼎中原。秦由河西进取中原，“五胡”北朝由塞外入主，唐于西部关陇地区兴起，其后金、元、清则同样是由关外入主中原。所以，边陲地带自有其旺盛的生命力及企图心，促使其能够取代老化的中原王朝。

如前几章所述，一个系统有其生命周期，而一个经济体的生命周期则是靠几个主力工业轮替支撑的。但是，我们总希望自己能延年益寿，同样，我们也希望能使自身的系统延年益寿。

如上章所述，主力工业多元化并以新陈代谢的方式支撑一个经济体于不坠，这是就多元工业的经济体而言。对一个企业而言，则我们所需要探讨的是如何使一家企业系统延年益寿、长久不衰。在本章中，我们将提出四种延年益寿的方法：向外扩展、向上提升、废物利用以及创造共生体系，我们现在依次对这几个方法加以讨论。

此外，在寻求一个合适的方案时，我们还需看此方案是否为解决眼前问题的最好方案；是否是一个能解决各种可能变局的方案。这就是所谓“最适系统”或“普适系统”的选择，我们将在后面对此也做一些探讨。

第十二章

系统如何避免衰亡

向外扩展：殖民与战争

一个系统在向外扩展时，即在设法扩大成长公式中的资源上限（即供需公式中的 K），一旦上限提高，增加成长余裕，则成长又可加大。这个方法的应用最明显的例子是 20 世纪初帝国主义的海外殖民地扩张：一旦占有殖民地，即可攫取当地资源，以供母国工业应用；同时，殖民地区亦可作为母国工业的市场。另外，有些殖民地可作为海军基地，以保护母国的商船在海上行动的自由安全。在这些方面，英国做得最多，而且范围也最广，上述三种目的都能顾及，于是殖民地遍布全球，成就“日不落帝国”的名号。日本也有样学样，而以中国这块大肥肉作为其原料及市场。为此日本得寸进尺，终于发动侵华战争；战争既起之后欲罢不能，为了夺取战争资源又发动太平洋战争，目的即为“以战养战”。归根结底，日本人所着眼的始终是资源的争取。但对外扩展其需靠武力或诈术，损人利己，不足为训，应该避免。今日日本虽不用武力，但其在海外的合作投资不但遍及东亚，还进入了欧美，目的仍然是就地使用当地的资源。

事实上，世界各国或地区靠经济商贸合作互惠互利远比武力侵略合理，台湾地区的商人向东南亚、大陆以至美国投资，实在也是在“就食他处”，以克服中国台湾资源有限的先天缺点，却是对主客两利的做法。

同时，除了扩大空间以获取资源外，也应经营多元化，扩大经营范围，比如本来只限于电子工业，现在可跨往微材料或精密医疗器材等。总之，狡兔尚有三窟，何况一个经济体系！

向上提升：生产力提升

这个方法就是尽量提升工业的科技水平，以及将生产与管理精细化。提升科技不但可以增加生产效率，而且可以减少资源的需求；而管理及生产的精细化，也是为了减少浪费、提升效率。对我们的成长公式而言，这个方法乃是以提升效率来放大成长率。

就拿中国台湾的企业为例，由于台湾资源有限而且空间有限，也不能承受环保问题的冲击，所以最好是发展精密工业，以求少用原料、少用空间，也少产生废料。如此的要求就必须以高科技发展精细产品，如微机电及其可以利用光电技术的工业，附加价值高，而资源耗费及废料均可尽量减少，总之产业应走上“轻薄精巧”的路子。瑞士小国寡民，不适用于重工业，因此其历来发展方向也以精巧为主，比如钟表、精密仪器等都是瑞士的专长，中国台湾亦可以此为借鉴。

生物医学技术也是一种精小而附加值高的产业，也是中国台湾所应发展的。至于管理及生产的精细化也应多多鼓励管理计算机化，以及产业自动化。对后者而言，中国台湾在精密机械的设计及制造已颇有成就，再使其与机器人配合，生产线就可更精细及可靠。但是，工业提升需要有相当水平的研发人才与技术员工，在此方面，中国台湾的教育程度及年轻人的敬业精神，似乎已不如经济起飞时代。希望大家能共同努力，再着重知识技术与品德的培养，重振雄风。

废物利用

在工厂中除产品以外，凡不是本意所要生产的副产品都被视为废料，而所用能源在利用一次后，其余热亦散放在空气中或水中，视为废热。实则很多副产品仍可加以利用，再制造出新的产品，如此不但可以增加产品的收入，还可减少待处置废料的数量。

废热利用最好的例子就是汽电共生，发电机所放出的余热仍有相当高的温度，大可以此作为化工生产所需的热量，如此则同一蒸汽在高压高温时可以发电，而发电机排放的蒸汽或热水还可再利用一次，甚至好几次。若要善加利用，则必须将各种不同的工业，按其需热的温度压力，按次序配合在一起，以便层层利用其热能，至最后一段的余气还可热水利用。

另外一个例子是复式循环。我们可以把液化瓦斯先作为冷冻剂，以采取其“余冷”加以利用，挥发后的高热、高压气体，可先用于气体透平机发电，再把放出来的瓦斯燃烧再发电。

以上两例，都是多重利用热能的好例子。

在废料方面，例子也很多：核电厂如果将所产生的用过燃料棒（又称“乏核燃料”，以示其中可分裂的部分已经用过，现含量已不足以再产生链锁核分裂反应）放在电厂水池中，以后还须经过中期储藏后再重新埋在地下，这种废料处置场所又因民众普遍恐核心理难以觅得。但英、法等国已能将这些“乏核燃料”再加以处理及提炼，回收仍可做燃料的部分，重新做成所谓的“混合氧化燃料”（MOX）。如此，不但原有废料中的有用之物可以被充分利用，而且处理后的真正残渣废料所占的体积远比原“废料”低，所以永久掩埋场的容积也可以大大减少。瑞士科学家更发展出一种中子打击“乏核燃料”的技术，将其中高原子量的元素分裂成低原子量的元素。在此过程中，还可以用其产生的热能发电，而所产生的同位素，其辐射强度及半衰期都比本来的“乏核燃料”低，更易于处置及储藏。

比如，钢铁厂所产生的炉渣：钢铁公司本来为大量炉渣的处理深为困扰，但之后发展出技术，将其作为砖块等建材的原料——如此废料利用既可以增加收入，又可以减少废料处理的成本。

除此以外，自然界也有很多废物利用的例子。

地球在早年，由于蓝细菌（又称蓝绿藻）等释放出大量的氧气，对那些生物而言，这些氧气就像我们今日的二氧化碳一样，是代谢后的废气。在23亿年前，这些氧气先由海洋吸收，与铁质形成氧化铁，逸入大气中的氧气量很少。在约

20亿年前，大海已不能再吸收氧气，故地球上空气中的含氧量上升到大气的2%—3%（今日氧气占空气中21%以上）。直到9亿年前，大气中的氧气浓度开始上升，到5亿—4亿年前高达大气的1/3（比现在的大气含氧量还高）。后来需要呼吸的生物大量繁殖，于是大气中的氧逐渐下降到今日的21%以上。

氧气在大气中浓度的升降，是一个废料与原料的“主观关系”，原先的废料如果有可以利用之处，就变成原料，反之亦然。今日二氧化碳在大气中累积，造成“温室效应”，我们甚为忧虑。其实，二氧化碳与氧气一样，有其升降的过程，也是自然界废物能否利用的好例子。

另一个例子是钙。寒武纪时期，因海底火山的活跃，使得海洋中的钙离子浓度增加，有些海底的小动物将钙排出体外形成碳酸钙，成为一层保护层，这就是甲壳（carapace）的起源。这些甲壳不但解决了废料处置问题，而且为这些生物加了一层保护层。同样的情形，骨骼也是一种利用钙的方法，因此才发展出拥有骨骼、可以支撑身体及行走的动物。

创造共生体系

在生物界有很多共生体系，即两个系统共同生活在一起互补有无：甲系统的排出物为乙系统的资源，而乙系统的排出物为甲系统所利用。

例如，真核细胞（eukaryotic cell）比原核细胞（prokaryotic cell）多了细胞核，并且在细胞膜内包含很多小的个体，其中有的是古细菌的后裔，专门将氮、碳、硫等物制造成养料以供细胞生存之用。但同时细胞中又含有线粒体，这是嗜氧菌的后裔，它们钻进细胞中，就可以将氧气与养料化合，其氧化作用则释放出大量能量，以供细胞活动之用。因此，这两种细菌的后裔就在细胞中你弃我取，形成一个良好的循环，大家亦都得以生存，这是共生的好例子。

又如，树木根部以及若干豆类植物的根部常有根瘤，这些根瘤是由一些固氮细菌造成的，它们附着在根部吸取植物的养料，同时却将空气中的氮固定下来作为供植物生长的肥料。植物生长须要氮、磷、钾等元素，磷与钾可由土壤中取得，氮的需要量很多，就由这些固氮细菌负责供应。

现代世界，网络已成为生活的一部分，网络的联系靠电话线路，网络收到的信息又靠计算机处理或靠电视播放，而电话的用处也因网络而大为增加。以前，所有各机件间的联系要靠使用者调度；现在，电话、计算机、电视等功用已能互通、相助、互补，其结合后的效率及功能较各机件单独运作时大为增强；到笔记本电脑、移动电话的出现，更是将各功能糅为一体，也可说是一种新型的共生系统。

在农业方面，中国早就利用共生系统以增加农产并减少开支。例如，在江浙地区就将“农桑、鱼、畜”结为一体。农人们在田圩内种稻，圩外养鱼，圩上植桑，桑叶养蚕及羊，羊粪壅桑，蚕屎养鱼，田中所得副产品则用以饲养家畜，畜粪又作为肥料及养鱼，互相利用。20世纪60年代，美国盛行生态保养。加州大学有一位教授在阳光充足的鱼塘旁边架起一个鸡棚，鸡的粪便流入塘中，以供鱼及水藻的养料；再把水藻捞起来作为鸡的饲料，鱼、鸡、蛋则为其收成物；鱼经处理后的鱼杂，也拌入饲料中养鸡。当时，这位美国教授以此种共生系统颇以为傲，其实中国农家早已在明、清之间就普遍实行了。中国台湾也在稻田中养鱼，以生产廉价的食物，有利于民生。

所以，若企业家能够将其各个工厂的主产品、副产品、废料互相利用，也可增加资源的利用价值，加强竞争力。

最适系统与普适系统

一个系统为了最有效利用，有时会设计成在“设计的状况时”能最有效地运转，这种系统叫作“最适系统”。这些系统若确实能在设计状况下运转，的确很好。不过，万一其周边环境有了变化或原料改变，以至于已离开最适化的条件，则其效率也就下降。由于现代工厂生产规格极为严谨，所以若原料或工作环境稍差，就会对系统的运转产生很大的影响。

反之，一个比较原始而简单的系统，虽然其效率可能比最适系统低，但因为比较简单，其运作范围反而较广，此种系统叫作“普适系统”。这种系统虽然效率不高，但其容忍度大，其代价当然是以质量及效率的牺牲来换取较大的适应度。一般手工作业或比较简单的生产线，即属此类。

今日的城市功能很复杂而且互相牵连，误差容忍度很小，比较接近于最适化，只要有一处交通堵塞或停电就可能影响全城的运作。1982 年 1 月 13 日，美国佛罗里达航空 90 号班机空难，掉在华府交通要道的桥上；同时华府又正在下一场大雪，于是全城大混乱，很多人被堵在路上，彻夜受尽饥寒，即为一例。反之，一个生活比较简单的城市，比如中国全面抗战时的陪都重庆，虽然日本飞机一再轰炸，但大家仍可维持作息。生物界也是这样。人类是高度进化的动物，但能生存的范围很狭小，而简单的动物如蟑螂则在各种不利条件下，已生存了三亿年。

所以，有时在生存竞争方面，高效率而适应力较差的“最适系统”，比起简单中等效率而适应力强的“普适系统”，两者优劣也颇难有定论，要看环境而定。在自然界一定的环境下，其最能适应者就能最优胜，一旦环境改变，本来的“最适”者就有可能变为“不适”者甚至被淘汰；反之，本来较简单而居弱势的“不适”近亲却反而能生存，甚至欣欣向荣。所以，在“物竞天择”的过程中，最适者固然能出头，而普适者却较能生存。因此，我们在谈适应环境时，还须注意“多样性”。

但不论是“最适化”或“普适化”的系统，均应注意老化的自然趋向，同时也要注意本身与外界争取资源的竞争力。若是内部老化，外无资源，不管此系统的适应力及效率如何，最终都难免有被淘汰之虞。

抗拒改革的力量

以上几节都是在讨论如何加强系统的生存力，也就是如何能“延年益寿”。但是，为什么很多系统都不愿以改革来延长其寿命呢？这是因为任何系统经过长时间的运作后，就有一些保守的势力及负担来阻挠改革，这些可概称为“既有利益”。其中可分三类：既得利益分子、既已投资的设备以及既有的观念、作风。在前面“老化”这一章我们对此已谈过一些，但因为这一观念很重要，所以再详细地讨论一下。

首先，最明显的是既得利益分子。这些人在一个系统内已经工作了很久，习惯于一切作为，而且生活也很稳定。其中在上位者，尤其已饱享这个系统所提供的优遇及权力，一旦更张，这些人的利益及权势就可能受到损失；即使没有损失，一切要另做一套，也不如保持原状为安适。再者，这些上下左右的人际关系（所谓人脉）也已建立，不愿重新摸索与新人的相处之道。这些人因此通常拒绝改变。同时，他们还有一个坏处，就是占据各个升迁要津。因此，新人升迁管道很狭窄，于是有才能者只得纷纷他就，只有因循旧规及拥有人脉网络的员工留下，新陈代谢功能完全丧失。这种既得利益者是“老化”的原因之一，也是阻止改革的最大力量。在美国很多大公司，过几年就要改组一次，其目的一方面固然是因应外界形势或任务的改变；另一方面也在打破人事的僵化，以促进新陈代谢。

其次，不愿抛弃既有的设备。这一项在讨论美国的钢铁及汽车工业时已经谈过。通常一套设备在经过几年使用以后，已将其成本按折旧率摊还，自此多运作一年即多利用一年；何况换新设备、拆除旧设备、购新设备、安装人员培训等，处处花钱，而且头一两年生产还不一定顺利，所以领导人通常不愿轻易地改换设备。但外面的技术在不断进步，新设备的生产能力及效率通常较高，于是后起者使用新设备，反能打倒用旧设备的竞争者。这一点在谈钢铁工业时也已讨论过，不过今日中国将老旧机器拆迁到东南亚，再另购置新机器，亦不失为良策。不过，这种汰旧换新的循环是永无休止的，企业家仍必须有能忍痛舍旧的准备，否则迁延不决，徒然丧失竞争力。

最后，既有观念及作风。创业者在开始创业时，凭其经验、学识及因应事实的需要，发展出一套经营理念及作风，并凭这些观念发展出大的事业。这些参与创业的功臣总觉得“我打天下就靠这些理念”，因此始终不肯背弃这些固有的理念。而且在一个企业中，大家相处日久，也就以一些理念及作风建立了一个公司文化。这些公司文化和作风理念以前既经证明行之有效，大家自也不愿轻言放弃；而且由于公司文化已深植人心，真的很难改变。不过有时时移势迁，有时因业务方向改变，老的观念不一定能适合新的需求，这时就必须有所改变。汉朝开国后，刘邦了解“以马上得天下，不可以马上治天下”，所以重用儒生，制礼仪、定规章，这就是因形势不同而改弦更张的好例子。但是要上下一心，一起更改，还真不太容易。

以上三项阻挠改革的因素，其中以既有设备的扬弃最容易，人的阻力其次，最难改变的可能是观念及作风。因此，一个企业必须让员工有更多的进修及了解外界环境的机会，才能防止思想的僵化。

在上一章，我们谈到当系统面临衰亡时如何因应，其中提及提升、扩张、共生等对策。事实上，世界上各种生物自有生命开始，就一直在面对衰亡这个问题，而其方法就是“演化”（Evolution）。所以，我们不妨以自然为师，看看生物是如何以演化来因应环境的变迁的。

地球上从最初的洪荒世界，到今日的万物生发，其过程基本上就是一部演化史。

第十三章

系统的进化与地球演化

有效的演化，需先有多样的品种

最初，细胞只有很简单的“原核细胞”，小而无核，只能将氮、碳、硫等物制造成养料以供细胞生存。在其过程中释放出氧气，后来又出现真核细胞，比原核细胞多了一个较大的长形细胞核，其中含有线粒体，线粒体可从细胞中得到养分，而细胞可从线粒体中获取能量。这种细菌的后裔就在细胞中你弃我取，形成一个良好的循环，大家亦都得以生存，这是共生的好例子。

因此，由于当时大环境一直在改变，这种有核的细胞就比原来的原核细胞对资源利用的效率高，在当时改变的环境下生存力较强，这就是第一个适者生存的例子。同时，细胞核所含 DNA 很多，由其各种不同的排列组合发展出很多不同的细胞，进而衍生出很多不同的物种。

生物由此有核的细胞逐步发展，越来越发达及复杂而又有效，其中最能适合当时、当地环境者，就能繁殖生发，成为一个新品种。但是，在此“物竞天择”的过程中，先决条件是有很多不尽相同的品种，才能有一个或几个“最适者”可以较易地生存繁殖。我们也可用实例来表示：

第一个例子是在哥斯达黎加有一片很古老的棕榈树林，其中共有66棵老树，近旁有一片1981年砍后重建的二代林。研究人员将两片树林各树的基因加以比较，发现二代林的130棵树中，56%为老林中两棵树的子孙，其他二代树则为老林中另外23棵树的后代，老林中其余41棵老树并无子孙。由此可见，老林要有很多树，才能有两棵能负起繁衍后代的重任。假如当时环境往不同的方向变迁，这两棵树反而可能无法适应，二代林就可能要由另外几棵树来传宗接代。所以，如果有越多不同基因的树，其中能够适应而繁衍后代的概率就越大。

第二个例子是美国疾病防治中心在试验如何消灭蟑螂的实验中，发现蟑螂很难消灭，其原因在于必须先找出蟑螂的出入路径，而蟑螂却并非全体走同样的路线。不论哪一条路线，用哪种方法下毒，总有一些蟑螂另走他途，不会中计，这些不上钩的蟑螂就又可以繁衍后代了。

第三个例子是达尔文在加拉帕戈斯（Galalpagos）群岛所做的著名观察。他发现该群岛的山雀（Finch，俗称“达尔文雀”）有很多不同的鸟喙（图13–1）。其形状取决于生活的小岛上的生活环境。每种小鸟为了能有效地觅食，才发展出最有效的鸟喙。所以，不同的环境须由不同性状的基因来适应。

第四个例子是我们人类：人类本与其他同属于灵长类的动物一起生活在丛林中，但后来气候改变，林外出现了大草

1. 大嘴地雀 2. 勇地雀 3. 小嘴地雀 4. 莺雀

图 13-1 加拉帕戈斯群岛上“达尔文雀”的喙型为适应其食物而演化［来源：约翰·古尔德（公共领域），引自维基百科］

原，在草原上无树可栖。于是其中小腿能渐渐直立者，就能离开丛林，在大草原上以采集草籽为生；后来又有些原始人在皮下发展出汗腺，以提高身体的散热功能，原始人才能长途奔走，做长程迁徙。原始人或类人的化石，在过去三四百万年先后有很多种出现，最后留存的才是我们这种所谓"智人"(Homo sapiens)的人类。

可见人类的演化，也是经过很多样的基因组合，其中最能适应环境的幸存者，乃能侥幸地通过考验。

由以上几例，我们可以看出，一个物种必须有相当多样的同种伙伴，才能在环境淘汰过程中，由最能适应的几个成员留下后代。

所以，基因的多样化是"适者生存"的必要条件。这有点像中国多子多孙的传统，其原因之一是：按照经验，几个子孙中并非人人有后，而后人中又非人人成才，加以世事无常，于是只有多生几个，以求能有几个在多变的环境中存活下来，才能传宗接代。就统计学而言，这个想法不无道理，却忽略了多生育是否能好好教养的问题。所以，多押宝是否多回报，两种考虑实在还需要有个适当的平衡，即所谓如何兼顾"最适"与"普适"。

社会系统的演进与服务精神的养成

在动物的群体社会中，除了生物功能必须通过“适者生存”的考验，其成员是否能有助于团体的生存与光大，也很重要。这种考验，在于是否能有助于“族群演化”。一个族群是否能在困难的环境中生存进而光大，不但需要每个成员能谋生，最好各成员还能对团体有所贡献。其中包括为团体多找食物、协助弱小，为团体抵御外敌，或探路、领导团体等。这些为团体服务甚至舍己牺牲的情形，不但存在于人类社会，也存在于很多动物社会，比如蚂蚁、蜜蜂、猴群、狼群、象群等。团体对此类乐于服务的成员也常有回报，包括较多的食物或较高的地位，等等。由于此类乐于服务、舍己牺牲的成员，团体的成员也因此可较健康或长寿，子女也会得到较好的照顾，族群也就可能比较昌盛，于是这种乐于服务的基因就较易流传下去。在中国历史上，人们对先人崇功报德正是出于感恩及对后人的激励。在社会或族群中流传下服务牺牲的精神，有助于族群的茁壮成长。

就系统观念而言，这种服务牺牲的美德，也有助于系统的生存与昌旺。这种服务精神的养成就是一个社会注重及鼓励利他的团队精神，是一个社会系统生存必须对其成员所做的教化。

共生

这种促进服务牺牲的美德不但有利于族群内部的和谐，也有利于系统间的“共生”。狗之所以能融入人类社会，就是一例。狗与狼虽本是同根，但其中有些比较和善，愿在先民的篝火外围，等候先民丢出去的剩骨残餐。于是，那些能够消化人类食物的狗，就与人渐渐相熟，并为人担任警戒工作，于是人狗共生互利，狗就成为人类系统的一分子。这是人狗经由共生方式，达成生活的演化。后来，人类又驯养了牛、羊、马、猪及家禽，生活也就演进到农牧社会。关于共生，先前已在第六章及第十二章讨论过，因“共生”也是进化过程的一部分，故一并在此提出。

社会系统的演变

国家与公司等社会系统也经过多次演化过程。就国家而言，每次扩大疆土或招纳周边的民族，就又经过了一次演变。

就公司而言，每次经营方式或产品的改变就是一次演化，如公司合并，更是一次演变。近百余年来，一般跨国公司大多数只有40—60年的寿命，这是受市场需求及人员、设备老化的限制，我们在第十章曾详加探讨过。但世界上还是有些百年以上的老公司，在此我们将讨论其如何以演变方式延长了其寿命。

一、壳牌公司的心得

壳牌公司（Shell）是一家英国与荷兰资本合营、有一百多年历史的老公司，其主要营业项目为能源，营业范围与地域均很广阔。该公司有鉴于一般公司通常仅有五六十年寿命却又有少数公司已存在数百年，所以就对公司长寿的秘诀进行了研究。其研究结果，由项目负责人阿里·德·赫斯（Arie de Geus）写成了一本书《长寿公司》（*The Living Company*），此书报告其研究心得如下：

1. 长寿公司的业务常随需求而改变，而且要赶在时代的前面。如瑞典的斯道拉公司（Stora），700 多年内，由一个铜矿公司（公元 1288 年起），逐渐演变为林业、炼铁、造纸、纸浆，再到今日的以化学物品为产品。同样，日本的住友公司（Sumitomo）（公元 1590 年起），已有四百多年的历史，也是经常与时俱进。

2. 长寿公司并不追求最大的利润，而是以公司的稳定为主，以公司为员工的共同体，员工也以公司为重，大家有团队精神。

3. 公司给员工相当的自由度，并接受不同的意见与做法，以加强应变能力。

4. 产品要多样化，而不是专注在当时利润特高的产品，也就是不要押宝在一项，而是多样，以分散风险（书中以智利土人种植洋芋为例。智利土人种植各种不同品种的洋芋，而不是只种某一价值特高的品种）。本章前段强调“多样性”之重要，也与此原则相吻合。

5. 不要担心环境的改变，而要强调如何能适应改变（阿里·德·赫斯另提及英国乌鸦经常偷食居民门口的牛奶。不论牛奶公司如何加强瓶盖的设计，乌鸦总能设法偷食，众乌鸦互相学习，正是“道高一尺，魔高一丈”）。

6. 很多公司以合并或兼并的方式达到多样化。但作者警告，兼并别家公司可能会把那家公司的毛病也带过来，这就有如吃有细菌的东西，反而得了传染病，不可不防。

以上研究公司如何能长盛不衰，其研究心得也可以用于其他社会系统的演变。

二、系统常存要项的补充

以上为壳牌公司（Shell）的心得，其要项为：要与时推移、团队精神、容忍不同的意见、多样化、适应改变。除此以外，还有几点应注意：

（一）废物要善加利用

我们先前提到废物经善加利用后，对进化有极大的影响，例如：

1. 软体动物将钙排出体外，无意中变成硬壳，这就是有壳动物的起源；后来有些累积的钙变成骨骼，才有了脊椎动物。

2. 中国农家将鸡的废料养鱼，鱼池的淤泥作为肥料，将农作物的叶子养猪，循环利用。

以上两例，都是在系统中有时会发现意外的产品或废料，如善加利用或开发，很可能会为系统开始一个新契机。

（二）人才要充分利用和尊重

一个组织全靠人才组成团队，而团队成员必须有归属感，不能令其有“呼之即来，挥之即去”的奴役感。但是，一个人才，其原任务结束后，如其专长已无处可用，组织应尽量设法辅导使其在内部转任他业；而年资很久者，也应有退休安排——如此，所有员工才会安心地服务。这种团队精神，也就是东方文明中的注重和谐。

（三）培育人才

曾国藩说：“办大事者，以多多选替手为第一义。”很多公司或政府首脑做到很老还不能退休，其理由是“无人接这个担子”。实际上，问题在于他不愿意或不敢培育接班人，有人自认为别人接不下此担，或怕被别人挤下来，还有些人自以为自己还能再撑几年，不急！

据报道，中国大陆现在很多大企业，其领头人多半在三四十岁；而中国台湾，20 世纪 70 年代创业的名人奋斗了四十年，到现在还没人能接棒。中国台湾经济不景气，一部分原因在于缺乏创新力，实在老少两代都有责任。

（四）各支系统间的平衡（挟强、扶弱、除废）

一个系统中的各支系统必须有效地互相支持，其总体成效决定于最弱一环的能力。因此，一个有效的系统，其下各支系统必须大致有同样的强度。不过，系统的内外情势都会逐渐改变，最初的均势很难持久。为了避免荣枯不等，系统首脑必须经常把各支系统的资源、人力及职责加以调整。关于此点，美国的企业相当在行，他们每遇难关就会改组，大为调整人事与机构；中国文化为免得罪人及引起波动，一般讲究“多一事不如少一事”，因循拖延，因此牺牲了效率。

（五）经常与时推移

不论商场、官场或战场，形势很难持久不变。尤其是在今日，科技日新，昨日的无敌利器在今日可能已不堪一击。市场需求以及资源有无均时时在变，因此主事者必须随时注意外界的变化，检讨自身、预测未来；根据观察及预测，及早留下可以转进的技术、学习能力与策略。在此，我们又不免回到“多样化”的讨论。所谓多样化，就是早早地留下几条可以转向的退路，也就是“狡兔三窟”。为此，一个社会组织都应有一个研发、观察及储才的单位，以保持多样、应变的能力。

我们在前面的绪论及第十三章中，对世界上各种无机、有机、社会等系统，做了一些比较与分析，以吸取教训。但是，今日世界正在剧变之中，我们在处理未来变局时，不但要取法过去，更应预筹未来。

现在我们要对今后的世界做一些展望，但是世界大小系统太多，无法一一讨论。而今日世界由于交通发达、信息灵通，大家祸福与共，各地域或国家都不能与世隔绝，实在已是一个“地球村”。由于范围太大，而且纷纷扰扰，所以我们不能全面顾及万事万物，只能以“地球村”为讨论对象，再举出其最重要的几个问题，扼要探讨。

今后对“地球村”而言，最重要的议题可能为下列几项：

1. 首脑乏人，需要贤明的领导。
2. 人类命运共同体。
3. 资源的利用与开发。
4. 环保的压力。
5. 人口结构。
6. 科技发展对社会的影响。

第十四章

今后世界的展望

贤明的领导

现在世界各地的暴力纷争，遍及中东、东南亚、北非、东欧。而且很多是各巨强煽风点火，引起纷争，等到事情闹大却又不知该如何善后。这种情形就如小孩玩火，最后引火烧身，实在愚蠢。但是不知何故，世界上首脑虽多，明智者却极少。

如对“首脑们应如何产生”细加思考，或能找到一点端倪。理想情况下的国家首脑，应是以选贤与能的方式选出，但实际情形却另有三种方式：暴力得位、民粹选举及寡头继位。

在古时，开国者都靠武力，或为上一代指定子孙继承，或和平继承（如“禅让”）。这三种方式所产生的首脑，有好有坏、良莠不齐，不知是明君、暴君或庸君，但基本上首脑的遴选决定于少数人，人民并未能参与。

到民主国家则为选举，照大家期望的应该很好，却又未必。古代雅典算是市民政治（但奴隶无权），小国寡民应该容易判断人才好坏，虽少有暴君，却常选出无能的首脑。以美国为例，也算有三百年的民治，照说人民应容易判断候选人的好坏，但实际上由于信息日益快捷，有利于商品推销，因此总统也就成为“商品”，重在包装与推销，以致选出来的总统颇多金玉其外——除开国的华盛顿外，贤明总统屈指可数，无能甚至伪善者却不乏人。在“二战”以后，美国已成世界巨强，尤其是在近半个世纪以来进入信息时代，甚至可谓“独强”，无能的总统如有错误的决定就会祸及全球。

21 世纪以来，美国已成世界纷争之祸源，主要原因是总统选举，后面的支持者是既得利益的豪门巨商等，当选之后必须以后台老板意旨为从。另外，为了选票，又提出一些讨好某种特定选民的法案，成为民粹政治。政客们为钱，对豪富要巴结；为选票，对基层民众也要巴结；然而对社会生产主力的中产阶级，就只加税；至于其他国家的生死就更在其次了。其他国家与地区的首脑问题，也逃不出以上所罗列的各种情形，而其影响不论好坏，都比不上美国那样深远。

笔者浅见：为了确保候选人有足够的才气与经验，能应付大局，须先具有一定的工作经验，并经过公正的考核，在经过几层多方面考验后，才能具有候选资格，最少经一批政治、经济、外交方面专家当众严格的口试；之后，几位候选人可再一起由公民投票选出——如此一来，毫无经验或学识者，才无法滥竽充数。

人类命运共同体

我们知道，一个系统如国家或族群，其成员都应具有共同的道德与行为准则。否则，一群人认为天经地义的行为，另一群人却认为完全不对，则双方一定难以共处。但不幸的是，这正是今日中东各地纷扰的根源！

我们知道，中东族群均为亚伯拉罕的后裔，而且犹太、基督与伊斯兰教三者，同出一源，均为一神教。事实上，犹太与基督两教，虽因耶稣被犹太教处死，双方一直有芥蒂，但也在中东与欧洲共处了很久；而伊斯兰教初起时，在其占领区也不排拒犹太与基督两教教徒。在“二战”以后，犹太人想要在其圣地复国，伊斯兰教教徒还常常施以援手。只是后来大家为了利益发生冲突，加上英、法等国为了易于分而治之，加以挑拨，双方才渐行渐远。而基督教与伊斯兰教两者本在历史上已结下深仇，后来奥斯曼帝国崩溃后，英、法两国瓜分中东，不但加深了基督教与伊斯兰教的误会，为便于统治，还挑起伊斯兰教内部什叶与逊尼两派的不和，于是中东各地及族群间纷扰不断。偏偏这三教两派，既坚信自己的上帝为真主，又互相排斥、互不兼容，真是“不共戴天”。

这一个“坚持”却又得归因于他们都是一神教，排他性极强，只奉一主，绝无容忍。于是，大家相互争斗，永无宁日。

解决之道，只能呼吁各族群有识之士，共同在各族群内，为了世界的和平共存，努力淡化宗教的排他性，并鼓励开放容忍；同时各国政客也应明白煽风点火，终会引火烧身。不幸的是，现在世人在宗教方面的歧见又已愈加偏激，我们只能期望列强可多参考兼容并包的东方社会及宗教。今后世界人口日增，只有和平共处，方是全球之福。

资源的利用与开发

能源与水这两种资源，可以说是我们最重要的生活必需项目，分述如下。

一、能源

近几十年来，人们一直在担心石油会用光，虽然迄今还能维持，而且后面还有天然气可以继续供应，再后面还有煤炭。不过，这几种能源都是化石能源，会释放出二氧化碳，加重“温室效应”（以下我们还会讨论）。但不论哪一种成为主要能源，其主要供应国家或地区都将会因此成为世界上地缘政治的焦点，今日中东地区与东欧地区的纷争，即是为了能源。

为了摆脱化石能源对国际政治的魔咒，同时也减轻“温室效应”，人类迟早会再用核能；但新的核能必须解除安全的疑虑，同时解决核废料的困扰。所以必须有一些新的发电设计，才能为社会大众所接受。

二、水

地球上的淡水资源有限，基本上以高山积雪、冰川、地下水等形式存在，而能使用的淡水更少。近年来，各地区或国家已有供水问题，如果“温室效应”变得更加严重，水源问题会超过能源问题而成为纷争的焦点。以后，地下水的探测必然会成为重要问题。但地下水的过度抽用又会引起地层下陷，中国台湾南部就有此问题。

水源地分布不一定能与用水需求相配合，比如中国北旱南涝向来是一个严重的问题，现在政府大力推动的“南水北调”工程，魄力很大，在一定程度上解决了北方用水问题。同时，各国如共享一个大江为水源，争水也会造成国际纠纷。

环保的压力

人类现在对废水、废料等的处理虽然已颇能掌握，但对二氧化碳的减少仍无有效的方法。虽在努力发展风力、太阳能、潮汐等替代能源，以减少二氧化碳的排放，但都没有很大的影响。要大量取代“化石燃料”，只有核能是唯一的希望（核融合技术还很遥远）。以中国台湾为例，如果要维持经济发展，势必使用核能，但岛内的反核声浪很高，乃面临两难抉择。[1]

同时，“温室效应”已在逐渐加强，各地冰川都在日渐缩小，南北极冰冠也在日渐消退。以后，寒水生物将大量减少，地球生态将大为改变。不过，北极的退缩也未必不是乌云上的银边，一旦北洋航道能够通航，北半球欧亚各地之间的海运航程将大大缩短，对国际贸易及能源消耗都有好处。因此，国际的地缘政治或许会有根本的改变。

---

1 可参 Don Shapiro.（2013）.Taiwan Economy：Near–term Uptick，Longer–term Challenges. Taiwan–U.S. Quarterly Analysis，Brookings，http://www.brookings.edu/research/opinions/2013/03/11–taiwan–economy–shapiro.

同时，如果地球的温度升高，在大洋中虽会有一些小岛被水淹，但地球的高纬度地区，如欧亚大草原（Eurasian Steppe）将变成适于居住的地区。这将对世界产生巨大的影响。我们可以想象，如果西伯利亚及其以西的大片土地能大举开发，同时沿海可以通航，则俄罗斯的国力将大幅增强。当然，美国的阿拉斯加州（Alaska）也会大举开发，如此国际关系将发生根本性的改变。

人口结构

一、出生率降低

在近二三十年，世界人口结构发生了很大的变化：各开发地区的婴儿出生率大幅下降，西欧各国、日本、中国台湾等地，出生率已低于取代值。也就是说出生的婴儿数，已不能补充退休或死去的老人，同时，老人的寿命却又年年升高。这对社会的影响是：以后社会上能够生产的人口，每人要背负更多的老人；国家为了能够照顾老人，必须多征税，这些负担就需要由提高工作人员的生产力来补足。但如何补足？以高科技来提高生产力，就成了当然的答案，这就涉及如何能使年轻人学会利用高科技，也就是如何提高后来者的科技学习能力。这又涉及教育问题，此点我们在下节讨论。

二、族群结构的改变

另有一个人口结构的大改变，就是各开发国家本身婴儿的减少，二十年后就会造成工作人口的减少，于是各贫困地区将有大批人民移入已开发国家，以补人力之不足。这些移民年年增加，现在西欧各国由中东移入的人民，已在国家占可观的比例。据报道，现在法国的伊斯兰教清真寺已比天主教堂还多；德国的土耳其人也已占人口相当高的比例。据估计，到 2050 年，西欧将以伊斯兰教教徒为多数。

在美国，每年由拉丁美洲来的合法移民有数十万人，但偷渡者又远超此数。据美国 2000—2010 年的人口统计，2010 年时拉美人口为 5050 万人， 十年间拉美人口增加了 43%，其中很多是非法入境。在华盛顿特区附近的美国学校，白人已成为少数，拉美、黑人与亚裔合起来已超过白人。到 2050 年，美国最大的族群大约也要归于拉美。

由于每个族群都有自己的宗教信仰、生活习惯以及基本的价值观念，我们也很难对各族群互相评比。但社会上多数族群总会对社会的运行发生影响——到那时美洲是拉美的天下，欧洲是伊斯兰教的天下，东亚是华人的天下，国际的纵横交往，当是另一番景象。

科技发展对社会的影响

如上节所述，今后由于生之者寡、食之者众，必须提高生产力。所幸人类的科技能力年年升高，工作不但自动化，而且效率越来越高。但企业是也因此产生新的问题：工人所需教育水平将越来越高，但企业用人却越来越少。一方面，我们必须提高工人的教育水平。所幸既然对工人的需要会变少，那么需要受较高教育的人并不多，所以本身问题不大。另一方面，那些不能或不愿接受较高教育的人，如何处理？以后这个问题可能比较麻烦，毕竟现在信息工具已很普遍。基本解决之法是必须提高学生的学习意愿及自学能力，才能应对这个快速变化的社会。这种工作必须由父母对子女从小培养，但现在夫妇又常是双职工家庭，此事如何解决，只能留诸后代了。若不加以处理，其可能发生的情形就是回到罗马时代，养一批无业游民，然后“给他们面包，给他们竞技场”！

如果我们花了两千年，经过多少苦难，居然又回到罗马恺撒大帝时的情形，那就是人类的悲剧。

结 论

在本书中，我们首先探讨了各种不同系统的若干共通点。不论是物理、生物、社会、经济各种系统，虽然其中有静态、有动态，而且有封闭、有开放，但我们主要观察的是动态、开放的系统。我们探讨各系统的共同点，目的是希望能将探讨各种动态开放系统所得的经验和智识，用在我们社会系统上，以加强社会的适应能力，并减少社会的纷扰。

这些系统都有起始的成核阶段、初期的快速成长阶段、后期的缓慢成长阶段以及老化与衰亡的阶段；各系统都难逃过“生、老、病、死”的轮回，各有其生命周期，关键在于如何觅取保健、延寿的对策。

我们也提出所谓供求曲线（logistic curve，又称成长曲线），似乎颇能应用于各系统。在代表此曲线的公式中，有表达生产力、资源上限、死亡率等项目对系统成长的关系。按此公式，系统应力求资源上限的放大或开发，加强生产力，减少死亡率，如此则可延长成长期，减缓衰老期。另外，我们也要考虑老化程度或效率减弱的程度。为了避免过早地老化，我们提出了种种“延年益寿”的方法：向外扩展、向上提升、废物利用以及创造共生体系等。但笔者也指出过于狭窄的“最适化”可能反而不如“普适化”具有应变的生存力。

最后，我们讨论到阻挠改革的因素，主要为老人、老设备及老观念。必须避免这三者“既有利益”对系统的僵化影响，如此系统才能苟日新，日日新，又日新。我们也报告了一个“长寿公司”保持长青的要诀：在公司内部，人员与公司之间要有“休戚与共”的团队精神；公司应经常有与时、与世推移的能力和远见，不能故步自封。其实，此中要旨也适用于个人、家庭与国家。

我们还讨论了系统间的互动，物资、智识的交换，以及各系统的大流动——一部地球史可以说就是一系列的交换与流动，而其中两个系统如互动密切，又会发生共生关系。共生关系可能是互惠的，也可能是不平等的，但不论如何，共生结果可能会合二为一。两个系统在共生过程中，会产生“我他”关系，其中关系是否良好，会影响日后内部是否能和谐相处。

根据系统观念，我们也对“地球村”目前的困扰与前景加以分析，找出了几个关键问题，包括：首脑乏人、族群间道德行为准则的分歧、人口结构的变动、资源的限制，以及高科技时代人力需求的改变等。希望能对读者有点儿帮助。

总之，我们希望读者在看过此书后，能将各人面对的环境，用系统观念加以分析，把眼前的系统与古往的历史故事和天下万事万物，互相对照比较。“以物拟人，以古鉴今”，或能因此找到一些异同之处，因而有助于对世局演变制定应对的方针。

以上是对本书所做的一个简约回顾。本书既然以“以小观大，以古鉴今”为主旨，以下是笔者想对今日世界所面对的几个重要而令人担忧的问题，就系统的角度再加以检讨，以此作为一个应用系统观念来分析问题的例子。

今日世界上最可忧的问题包括以下几项：大国与小国应如何相处？如何处理及消除恐怖分子的活动？贫富不均现象如何校正？今日的民主制度是否已沦为民粹主义？事实上，这些问题互相牵连，虽然看似“剪不断、理还乱”，但如仔细思考，把问题的症结找出来，也就不难找到治乱解纷之道。

在此以“世界秩序”“贫富不均”两例，试图从系统视角，用本书中的系统观念与精神来寻求解决方案。

一、世界秩序

我们看今日世界乱局——尤其美国在中东，如今可说是进退两难。之所以陷入如此困境，是出于下列理由：

1. 美国自用“冷战”拖垮苏联以后独霸全球，自以为以其军力与财力可以号令天下，予取予求，到处插手，以致耗费国力招人怨，自己反成为弱小民族极端分子的怨恨对象及恐怖分子的报仇对象。如此冤冤相报，越陷越深。

2. 美国人民自以为美式民主制度是普天下的“济世良药”，觉得任何国家，只要有民选政府，就可以“天下太平”。美国很多人相信美国是举世特例（Exceptionalism），别国都应效法，而世界上很多人也以为如此。但“民主”不像汽车或计算机，不是“进口”后就能立刻得心应手、灵活使用的。美国人也有同样的误解：美军一旦把一个国家控制后，就要来个“建国运动”（Nation Building），天真地以为搞个选举成立议会，这个国家就可以长治久安。如果真是如此简单，为何经美国“调教”多年的菲律宾及很多中南美小国依然一团乱呢？事实上，美国很多人已在担心美国自己的民主在逐渐沦为“民粹”制度。如果一个唱片已经走调，翻版岂能成调？美国建国之初，本意是一个近乎联邦的国家，国家事务，因为各州有相当大的发言权，多一个冷静思考的阶段，所以起初并非一个民粹国家。但是后来人口日增，渐渐变成近于全民多数决策，而全民中又有很多人易受媒体的误导，以致国事常为冲动的民意左右。此事很难改正，只能寄希望于人民教育程度及判断力的普遍提高。而世界上很多国家也以为美式民主是最“理想”的民主，这就是太天真的想法。

3. 美国现在的所作所为，如果是一家公司，一定会失去很多客户及伙伴，即使不马上倒闭，也要向股东检讨。所幸，美国国内已有很多有识之士，在谈论美国是否应回到“孤立主义”路线。按说美国在第一次世界大战后，就因宁可独善其身而退出国际联盟。到“二战”中期才因日本偷袭珍珠港而扬弃“孤立主义”，战后，成为世界巨强，食髓知味，才在 20 世纪 50 年代全面改为国际主义。现在做了几十年的老大，麻烦日多，而国力日衰，于是大家开始谈论是否应对总统的用兵权加以限制，这就是回头走向“孤立主义”的第一步。美国近半个世纪最有眼光的外交官是基辛格（Henry Kissinger）。此老出了一本书《世界秩序》（*World Order*，2015），其中要点为：外交并不是非白即黑，而是要务实。此老最推崇 19 世纪奥匈帝国的克莱门斯·梅特涅（Klemens Wenzel von Metternich）。梅氏在当时的欧洲推动奥国、俄国、奥斯曼帝国三个大国互相尊重各国内务，共同维持欧洲国际和平。经由此种三强集体领导，本来战争连年的欧洲竟能维持近百年的国际和平。由基辛格此书来看，美国似亦不应一味以自己的是非标准强加他人，而应与国际巨强共同维持世界和平。

从系统观点而言，一个系统必须有相当的弹性以适应变局；而且，每个系统都会衰老，本就不能永远霸占龙头地位。另外，通常一个系统其支柱越多越稳定，而以三个支柱为最少的要求。所以，中国古人煮食用三足鼎；英国大宪章以王室、贵族、市民三权来相互制衡；梅特涅也以奥、俄及奥斯曼三个大国来维持欧洲和平，几近一百年。

美国对于当前的中东乱局，与其继续“扬汤止沸”，还不如早早地“釜底抽薪”，不必坚持做世界霸主，而与世界各国共同维持世界和谐与和平。我们在本书中，有相当的篇幅讨论“我他”关系，皆因深知“我他共存”才是双赢之道。

二、贫富不均

近年来，各经济发达国家，尤其是美国，其国民财富分布越来越不均：85%的财富掌握在20%的人手中，其余最基层的80%人口，竟只占有全国财富的15%。国民生产总值虽逐步上升，但小民的薪水不升反降，而且失业率几年来也并未大降。财富过度集中的原因可能很多，但有以下几点重要的原因：

1. 富人本有余钱可以投资，经济发达，投资者自然获利。
2. 富人容易取得融资，加大其投资额。
3. 工业高度自动化，人工减少而生产力反而增加。

但是，媒体虽有很多讨论，却并无良策，最明显的补救方法是对富人提高所得税率。但是，两党议员都要靠富人资助才能当选，虽口头表示对此关心，但如果真要投票对富人加税，大家都知道很难成功。所以，贫富严重失均，成为很多经济发达国家的隐忧，如继续恶化，民怨日增，社会动荡在所难免。

就系统观念而言，我们在本书中已经强调在一个系统中，各支系统最好能共生共荣，因此必须互相协调、互相支持。系统首脑的职责就在调和各支系统，使其互补互助，而资源的分配更不能厚此薄彼。在专制国家，主要支系统中，军队常能左右大局，因此常能多占资源，最终尾大不掉，成为军阀专政，以致国家大乱。中国、罗马帝国、奥斯曼帝国以及日本，其历史上的军阀乱政，屡见不鲜。

在现代国家，社会上的支系统为资本家（银行、大企业、农场主人等）、中产阶级（专业人士、公务员、老师等）以及工农劳动大众。同时，国家经济逐渐成为一个大个体，资金供求必须由国家中央银行调节。这种资金供求大起大落的游戏，只有富人才能参与及获利，小民只能浮沉于大潮之中，很多人因此失业，甚至破产。而政客们也越来越必须仰赖富人（世家大族及大资本家）才能筹到巨款来支付巨大的广告费用，因此政客们也不敢得罪富人。

以上两段所描述的都是关于负面发展的后果。另外，从正面方向看，有些经济学家认为，如要大幅发展经济，必须有大量集中的财富始能进行，此说法也不无道理。因此，与其对富人加税以用于救济穷人，还不如三个支系统共同合作，来纾解这种贫富过度不均的现象。基本上，近年失业与薪水不加，主要原因仍是生产自动化——一则人工需求减少，二则新设备要求新技术，而老员工又无法胜任。如此则必须一方面要对有能力学习新技术者加以培训，另一方面设法开拓新人力市场。三个支系统如何共同合作，似可往此方向努力：

1. 鼓励富人成立基金会，研究及资助提高就业率的方法及措施。美国富户一向有以基金会的方式回馈社会的传统，只要能把其注意力导向如何提高就业率即可，其中包括资助失业工人学习新技术、开拓新人力企业（如老人赡养院）及鼓励大家开创小企业等。

2. 中产阶级可以用其专业学识，寻求如何帮助失业工人学习新技术，与如何改革学校课程，以确保未来青年能跟上新技术的发展，同时寻求可能开发的新市场。关于新的出路，倒有一个现成的新市场：老人赡养与小孩照护。过去二十年，各开发国家的人口寿命节节高升，老龄人口大幅增长。老人赡养需要大量的人力，同时，年轻夫妇多同时工作，于是儿童需人照顾。以上老人、小孩的照护，可以吸收大量的失业劳力、专业人才，因此可以研究老、少照护职业的质与量如何提升之道。

3. 劳动大众须力求自力更生。不能过于企望以国家层面手段强力压富济贫，必须有毅力去学习新技术或者愿意改行进入新市场。例如在上节所述，老人赡养以及儿童照顾都会大幅扩充，老、少的照护，以爱心为重，并不需要太多的技术，所以也可吸收大量失业劳力。另外，第三个可能乃是创业。如今电邮畅通，广告及邮购极为方便，以小企业方式经营，成功者大有人在，也就不必求职于他人。

以上陈述，乃是期望社会上各支系统能各尽所能、互相合作，共同维持社会的繁荣。这也是一个系统内，三个支系统必须互相合作的“共生”之例。

以上讨论虽以美国社会为例，但对其他经济开发国家和地区的系统，包括西欧、日本、中国等国家和地区，似乎也可适用——所不同者只在程度大小及时序先后而已，希望此书也能有参考价值。

参考文献

1. Achenbach, Joel, The 21st Century Grid, *NationalGeographic*, V.218, #1, pp. 118-139, July, 2010.

2. Akerlof, George and Robert Shiller, *Animal Spirits:How Human Psychology Drives the Economy andWhy It matters for Global Capitalism*. New Jersey:Princeton University Press, 2009.

3. Arie de Geus, *The Living Company*. Boston: HarvardBusiness School Press, 1997.

4. Anglin, Bonnie, Al Boelk, Michael Harmon,Greg Lewis, David Moen, Gregory D.L. Morris, et al. Wolf Wars, *National Geographic*, V.218, #1, p.8, July, 2010.

5. Barnett, William A., John Geweke, and Karl Shell, *Economic Complexity: Chaos, Sunspots, Bubbles, and Nonlinearity.* Cambridge University Press, 1989.

6. Bloch, Hannah, The Riddle of Easter Island, *National Geographic*, V.222, #1, pp. 30-49, #1, July, 2012.

7. Bryn, Brandon, Parasitic Cuckoos Provide Nest Protection for Crow Hosts, AAAS Science, 2014.

8. Cahill, Thomas, *How the Irish Saved Civilization.* New York: Nan A., Talese, Doubleday, 1995.

9. Chadwick, Douglas H., Wolf Wars, *National Geographic*, V.217, #3, pp. 34-55, Mar, 2010.

10. Chisholm, Hugh, et al., eds., *Encyclopaedia Britannica.* 11th ed. Cambridge University Press, 1911.

11. Clark, Kenneth, *Civilization.* BBC Books, 1969.

12. Collier, John G., *Convective Boiling and Condensation*. New York: McGraw-Hill, 1972.

13. Cook, Michael, *A Brief History of the Human Race*. New York: W. W. Norton & Company, 2005.

14. Cotterell, Arthur, ed., *The Penguin Encyclopaedia of Ancient Civilization*. New York: Penguin, 1988.

15. Darwin, Charles, *The Expression of the Emotion in Men and Animals*. New ed. New York: Oxford University Press, 1998.

16. Dent, Harry S. Jr., *The Roaring 2000's Investor*. New York: Simon & Schuster, 1999.

17. Diamond, Jared, *Collapse*. New York: Penguin Books, 2005.

18. Diamond, Jared, *Guns, Germs, and Steel*. New York: W. W. Norton & Company, 1999.

19. Eisenhower, Dwight D., *The Military-Industrial Complex: The Farewell Address of President Eisenhower*. Kalamazoo: Basement Productions Inc., 2006.

20. Faber, Malte and John L. R. Proops, *Evolution,Time, Production and the Environment*. 2nd ed. Springer-Verlag, 1992.

21. Faber, Malte, Horst Niemes, and Gunter Stephan, *Entropy*, *Environment and Resources*. 2nd ed. Springer-Verlag, 1995.

22. Fidelity, Behavior Finance, The Urge to follow the Herd Market Analysis Research and Ed., May 22, 2008. (Private Communication)

23. Field Museum, Underground World exhibit. Chicago: Field Museum, Display, June, 2012.

24. Finkel, Michael, Tibet's Golden Worm, *National Geographic*, V.222, #2, pp. 114-121, Aug.,2012.

25. Zackowitz, M.G. Bird Flu Takes Wings, *National Geographic*, V.209, #3, p.21, Mar., 2006.

26. Fukuyama, Francis, *The Origins of Political Order*. New York: Farrar, Straus and Giroux, 2011.

27. Funk, McKenzie, A Mountain Transformed. Thirty years after the blast, Mount St. Helens is reborn again., *National Geographic*, V.217, #5, pp. 34-53, May, 2010.

28. Gaddis, John Lewis, *George F. Kennan:An American Life*. New York: Penguin

Books, (2011).

29. Galston , Arthur. W., Peter J.Davies, and Ruth L. Satter, *The Life of the Green Plant*. 3rd ed. New Jersey: Prentice Hall, 1982.

30. Gibbon, Edward and Milman, H. H., *The History of Decline and Fall of the Roman Empire*, from https://www.gutenberg.org/files/25717/25717-h/25717-h.htm.

31. Gladwell, Malcolm, *The Tipping Point*. New York: Back Bay Books, 2000.

32. Hsu, Yih-Yun and Robert W. Graham, *Transport Processes in Boiling and Two-Phase Systems*. Illinois: American Nuclear Society, 1986.

33. Ingham, Elaine R. The Soil Food Web. Natural Resources Conservation Service, USDA, from http://www.nrcs.usda.gov/wps/portal/nrcs/detailfull/soils/health/biology/?cid=nrcs142p2_053868.

34. Jablonski, Nina G., The Naked Truth, *Scientific American*, V.302, I.2, pp. 42-29, Feb., 2010.

35. Lack, David, *Darwin's Finches*. New York: Cambridge University Press, 1947.

36. Laidler, Keith J., *The World of Physical Chemistry*. Oxford: Oxford University Press, 1993.

37. Lemonick, Michael D., A. Dorfman, M. De le Cal, P.hawthorme, E. Owen, S. Robinson Up from the Apes *Time*, V.154, #8, p. 50, Aug. 23, 1999.

38. McNeill, William H., *Plagues and People*. New York: Anchor Books Doubleday, 1976.

39. Paine, Michael, *The Crusades*. New York: Fall River Press, 2009.

40. Penkala, Maria, *A Correlated History of the Far East: China, Korea, Japan*. Rutland, Vermont: Charles E. Tuttle Co., 1969.

41. Soler, M., J. J. Soler, J. G. Martinez, A. P. Moller, Magpie host manipulation by great spotted cuckoos: Evidence for an avian mafia?, *Evolution*, 49, pp. 770-775, 1995.

42. Stix, Gray, The Science of Bubbles and Bursts, *Scientific American*, V.301, I.1, pp.64-71, July, 2009.

43. Stix, Gray, Traces of a Distant Past, *Scientific American*, V.299, I.1, pp. 56-84, July, 2008.

44. Strayer, Joseph R., Gates, harbison, and Banbaugh, *Western Civilization since 1500*. Harcourt, 1969.

45. The New York Times, *The New York Times Guide to Essential Knowledge*. St. Martin's Press, 2007.

46. The Reader's Digest Association, ed., *The Last Two Million Year*. New York: The Reader's Digest Association, 1974.

47. Thompson, John M., *The Medieval World*. Washington D.C.: National Geographic, 2009.

48. Tu, Pierre N.V., *Dynamic Systems*. 2nd ed. Springer-Verlag, 1994.

49. USDA/Agricultural Research Service. Salmonella Strain's Path to Virulence Uncovered, *ScienceDaily*. ScienceDaily, Apr. 24, 2009.

50. Vaga, Tonis, *Profiting from Chaos*. New York: McGraw-Hill, 1994.

51. Von Bertalanffy, Ludwig, *General System Theory*. New York: George Braziller Inc., 1995.

52. Waldrop, M. Mitchell, *Complexity*. New York: Simon & Shuster, 1992.

53. Watt, James C.Y. and Anne E. Wardwell, *When Silk was Gold*. New York: The Metropolitan Museum of Art, 1997.

54. Wilson, Edward O., *The Social Conquest of Earth*. New York: Liveright 2012.

55. 加尔布雷斯（John Kenneth Galbraith）:《自满年代》(*The Culture of Contentment*)，杨丽君译，台北：时报出版，1992 年。

56. 台湾工业研究院电子所（Data Quest），1994 年。（私人通讯）

57. 地球出版社编辑部:《世界文明史》，台北：地球出版社，1994 年。

58. 米勒（Lawrence M. Miller）:《领导者的 7 次微笑》(*Barbarians and Bureaucrats: Corporate Life Cycle Strategy*)，林宜瑾译，台北：时报出版，1992 年。

59. 何丙郁:《海纳百川：科技发源与交流史》，台北：联经出版社，1994 年。

60. 李根蟠:《中国古代农业》，台北：台湾商务印刷馆，1994 年。

61. 李慎、陈庆云主编:《来自历史的启示》，新竹：凡异出版社，1999 年。

62. 赫伯特·贝克（Herbert G. Baker）:《植物与文明》(*Plants and civilization*)，林金和译，台北：茂昌图书公司，1990 年。

63. 易中天：《品三国》，上海：上海文艺出版社，2007 年。

64. 武敏、王露：《丝绸之路多锦绣》，载《大地地理杂志》1997 年第 109 期 4 月号。

65. 保罗·M. 肯尼迪（Paul M. Kennedy）：《世界强权的兴衰》（*The Rise and Fall of the Great Powers*），王保存等译，台北：风云时代出版公司，1989 年。

66. 南京中医学院编：《中药大辞典》，上海：上海科学技术出版社，1977 年。

67. 林恩·马古利斯（Lynn Margulis）、多里昂·萨根（Dorion Sagan）：《演化之舞》（*Microcosmos*），王文祥译，台北：天下文化，1995 年。

68. 马野周二：《盛衰荣枯的科学性》（荣枯盛衰の科学），郑振东译，台北：渤海堂文化公司，1988 年。

69. 梁美灵、王则柯：《混沌与均衡纵横谈》，香港：中华书局，1990 年。

70. 许倬云：《我者与他者：中国历史上的内外分际》，台北：时报出版，2009 年。

71. 许倬云：《万古江河》，台北：汉声，2006 年。

72. 陈寅恪：《金明馆丛稿初编》，上海：生活·读书·新知三联书店，2001 年。

73. 傅乐成主编：《中国通史》，台北：长桥出版社，1978 年。

74. 伊里亚·普里戈金（Ilya Prigogine）：《混沌中的秩序》（*Order Out of Chaos*），沈力译，台北：结构群文化，1990 年。

75. 赵冈：《中国城市发展史论集》，台北：联经出版公司，1995 年。

76. 马丁·齐默尔曼（Martin H. Zimmermann）、克劳德·布朗（Claud L. Brown）：《林木之构造与功能》，高清译，台北："国立"编译馆，1984 年。

77. 欧阳钟灿、刘寄星：《从肥皂泡到液晶生物膜》，台北：牛顿出版股份有限公司，1995 年。

78. 顾培、刘馗：《世界历史一本通》，武汉：长江文艺出版社，2011 年。

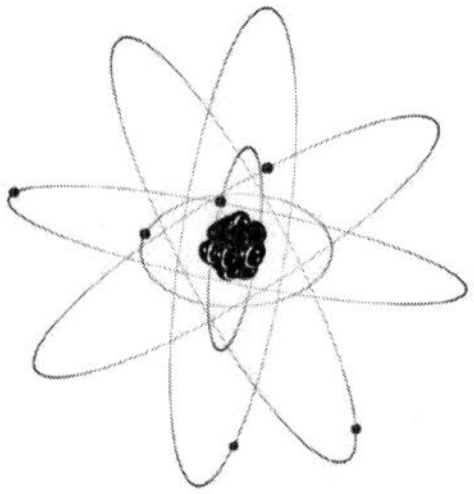